Josef H. Reichholf

Der Bär ist los

Josef H. Reichholf

Der Bär ist los

Ein kritischer Lagebericht zu den
Überlebenschancen unserer Großtiere

Mit 32 Abbildungen

Herbig

Inhalt

9

II.
Große Raubtiere in der Kulturlandschaft

Inhalt

IV.
Die Zukunft der Großtiere

Einleitung:
Leben und sterben lassen

In der frühen Dämmerung des 26. Juni 2006 herrschte noch tiefer Frieden in den bayerischen Bergen. Um 4.50 Uhr zerrissen aber zwei Schüsse die Morgenstille auf der Kümpfl-alm an der Rotwand. Der erste zerfetzte die Leber, der zweite diente den »jagdkundigen Personen« nur noch der Absicherung, dass »Vollzug« gemeldet werden konnte: Bruno, alias »JJ 1«, war tot. So stellten die zuständigen Behörden auf der vom Landratsamt Miesbach einberufenen Pressekonferenz das Geschehen dar. Gleich am ersten Morgen nach Ablauf der Schonfrist wurde der Bär erschossen. Der Aufschub war unter dem Druck der Öffentlichkeit gewährt worden, damit die eigens aus Finnland geholten Bärenjäger ihn hätten lebend fangen können. 170 Jahre nach Abschuss des Letzten seiner Art und der damit vollzogenen Ausrottung des Braunbären in den bayerischen Bergen ereilte »Bruno«, wie der junge Bär liebevoll genannt worden war, ganz in der Nähe des letzten »bayerischen Bären« das gleiche Schicksal. Einen Triumphzug mit seinem Kadaver, eine Art Heldenehrung wie 1836, gab es allerdings nicht mehr. Auf der Pressekonferenz galt es, peinliche Fragen zu beantworten. Musste Bruno sterben? Gab es keine andere Möglichkeit, ihn am Leben zu erhalten? Seit Wochen war die Bevölkerung gespalten in die Gegner des Abschusses und in die Befürworter. Die kleine Minderheit der Bärengegner setzte sich durch. Das vom für Naturschutz zuständigen Staatsminister erlassene Todesurteil spottete der angeblich typisch bayerischen Lebenseinstellung »Leben und leben lassen« Hohn. Doch Bayerns Ministerpräsident hatte persönlich den Bären zum

13

Problembären erklärt und seinen Minister veranlasst, den Abschuss anzuweisen. Die große Masse des bayerischen Volkes hatte dafür jedoch kein Verständnis. Der Bär hatte keinen Menschen angegriffen, ja nicht einmal »bedroht«, sondern lediglich das getan, was Bären tun, wenn sie jung und gesund in die Fremde ziehen.

Aus Italien war er gekommen, wo es im Gebiet der Brenta nicht weit vom Gardasee entfernt seit Jahren ein Bärenvorkommen gibt. Bei der Durchquerung von Tirol war er nicht unangenehm aufgefallen. Nach den ersten Sichtungen in Bayern schien er willkommen. Bis ihn der Hunger plagte und Bruno nach Bärenart zuschlug. Leider bei lebendigen Schafen und nicht bei Kadavern. So nutzte es auch nichts, dass sich der österreichische Bundeskanzler einschaltete und seinem bayerischen Landeskollegen klarzumachen versuchte, wie man im alpinen Nachbar- und Bärenland mit Bären umgeht. Vielleicht war das ganz falsch, denn belehren lassen wollten sich die Verantwortlichen nicht, waren doch schon ein einheimischer Bärenspezialist und finnische Jäger dazu auserkoren, das Problem zu lösen.

Bruno war Problembär, weil er sich wie ein Bär verhielt und nicht wie ein Lamm. »Er richtete sich sogar in seiner vollen Größe auf die Hinterbeine auf«, zitierte die Rundschau für den Landkreis Miesbach den Umweltstaatssekretär, der für den Umweltminister gekommen war, um den Abschuss zu rechtfertigen. Das seien knappe zwei Tage vor seinem Tod »erstmals auch Drohgebärden gegenüber Wanderern« gewesen. Dem Umweltstaatssekretär mit ernsthafter Miene stellte die Zeitung einen fröhlich lachenden Umweltminister entgegen. Dem wurde unverzüglich mit einem Gerichtsverfahren gedroht. Was auf Landesebene zwar nicht klappte, aber vielleicht auf EU-Ebene nachgeholt werden wird, wenn Italien, das Heimatland von Bruno, gegen Deutschland klagen sollte.

14

Denn der Braunbär ist in der gesamten Europäischen Union als eine vom Aussterben bedrohte Tierart eingestuft und unter größtmöglichen Schutz gestellt. War eine Viererstaffel von Bärenjägern mit Elchhunden ausreichend, um alle Möglichkeiten auszuschöpfen, den jungen Bären lebend zu gewinnen?

War Brunos Tod nicht schon von vornherein beschlossene Sache, weil er als böser Räuber friedliche Schafe getötet hatte? Wie steht es doch geschrieben in der Bibel? »Weide meine Lämmer, weide meine Schafe.« Auch einige (Friedens?-)Tauben hatte er so erschreckt, dass sie sich in die Lüfte erheben mussten. Als dann, gerade noch rechtzeitig, um eine zusätzliche, um die überzeugendere Begründung für den sofortigen Vollzug der Tötung nach Ablauf der offiziellen Schonfrist zu rechtfertigen, die Nachricht über die unerhörte Aufrichtung auf die Hinterbeine kam, war es um Bruno geschehen. Der junge, kerngesunde und völlig normale Bärenmann fällte mit diesem seinem bärischen Normalverhalten sein Todesurteil gleichsam selbst.

Wer war »Bruno«? Seine Bäreneltern stammen aus Slowenien. Der Vater, »Joze« benannt, wurde 1994 geboren. Er ist ein scheuer, etwa 140 Kilogramm schwerer Bär, der sich kaum sehen lässt. Die Mutter »Jurka« ist vier Jahre jünger, hellbraun und oftmals geneigt, auch Dörfer in den Seitentälern des Val di Tovel im Naturpark Adamello Brenta aufzusuchen. Bruno war ihr Erstgeborener; ein junges Männchen. Sein offizieller Name JJ 1 bezieht sich auf die Anfangsbuchstaben der Namen der Eltern. Er war der erste Sohn, wog 110 Kilogramm, maß 130 Zentimeter vom Scheitel bis zum Hinterende und gut 90 Zentimeter in der Widerristhöhe. Sein Ernährungszustand wurde als »gut« eingestuft. Der Bär hatte sich also selbst versorgen können. Im Magen hatte er gut sechs Kilogramm Fleisch, Organ- und Pflanzenmaterial. Fleisch und »Organe«

15

stammten vermutlich vom letzten Schaf, das er erbeutet hatte. Seinem Fell fehlte nichts (abgesehen von den Einschusslöchern). Auch sonstige Erkrankungen waren nicht offensichtlich. Auf der Höhe der zehnten rechten Rippe steckte eine stark verformte Kugel. Sie hatte den rechten Leberlappen zerstört und die Lunge zerrissen. Im Tod hatte der Bär noch seine Harnblase und den Enddarm entleert.

Es fällt schwer, bei diesem Tier und seinem kurzen Leben jenseits der norditalienischen Berge Pro und Kontra objektiv abzuwägen. Gewiss, der Bär hat einige Schafe getötet. Schafe, von denen es in Bayern fast eine halbe Million gibt, haben ihren Preis. Man hätte die getöteten Schafe wohl leicht ersetzen können, und sie sind ersetzt worden. Doch mit seinem möglichen Kommen und Umherwandern machte der Bär gerade solchen Menschen Angst, die Bären als Petzi aus Kinderbüchern und als Beinahe-Tanzbären, die nach Futter betteln, aus Zoos kennen. Bruno hätte ja Menschen anfallen und Kinder töten können, auch wenn er auf seinem Weg von Italien nach Bayern keinen einzigen Zweibeiner nachweislich bedroht hatte! Wir sind ein zivilisiertes Land, in das keine Bären oder gar Wölfe passen. Solche kommen doch gleich nach, wenn man die Bären wiederkehren lässt. Wehret den Anfängen! In Österreich oder Italien, ja, da ist das doch etwas anderes als bei uns hier in Bayern! Oder etwa nicht?!

Wut und Enttäuschung der Bevölkerung waren groß. In der Zeitung der Region wurde eine Todesanzeige gedruckt: »Unser Bruno ist tot« – »Nach seiner wunderbaren Wanderung vom Trentino nach Tirol und Bayern hat Braunbär Bruno Herrn Stoiber zum Stottern, Schnappauf zum Problem-Minister und alle Tierschützer zur Verzweiflung gebracht.« – »Am Montag wurde Bruno am Spitzingsee hinterrücks erschossen, und mit ihm ist der Glaube daran gestorben, dass unsere Politiker ein Herz für Tiere haben.

Bruno – an der Wahlurne rächen wir dich.« – »Statt Kranz- und Blumenspenden: Bitte Protestbriefe und e-mails an Stoiber, Schnappauf & Konsorten.« – »In Wut und Trauer« …

Die Boulevardpresse hatte Bittbriefe von Kindern für Brunos Leben abgedruckt. Zahllose Rundfunksendungen trugen die Botschaften ins Land hinaus, von Bayern bis Bär-lin und über die Grenzen. Wahrscheinlich wurde an keinem Einzelschicksal eines Tieres in Deutschland mehr Anteil genommen als an diesem Bären.

In der *Süddeutschen Zeitung* vermerkte Christian Schneider mit sicherem Urteil aus vieljähriger Erfahrung im Natur- und Umweltbereich schon vor dem Vollzug der Tötung: »Wo aber Angst geschürt wird, bleibt meist der Verstand auf der Strecke, was sich auch im Wankelmut Schnappaufs zeigt. Erst heißt er den Bären willkommen, um ihn dann, wenn er sich nicht so verhält, wie das die Menschen gerne wollen, einfach zum Abschuss freizugeben. … Die Aufgabe für den Umweltminister wäre … ein umfassendes Wildtiermanagement, wie jetzt der WWF für Bayern zu Recht fordert. Dem Braunbären, der die Alpen bezwungen und es bis nach Bayern geschafft hat, wird das leider nicht mehr helfen. Zwar verhält er sich nicht viel anders als alle Bären, doch nun sitzt die Angst zu tief, und kühle Argumente zählen nicht mehr. Deswegen muss der Bär jetzt weichen, sagen selbst die Bären-Anwälte vom WWF Österreich. Aber nicht, weil er wirklich eine Gefahr wäre. Vielmehr ist er drauf und dran, mit seinem Auftritt seine bis jetzt noch akzeptierten Artgenossen in Österreich in Misskredit zu bringen. So wird der Bär in jeder Hinsicht zum Bauernopfer.« (SZ vom 24./25. Mai 2006)

Am »Schmied von Kochel« trottete der Bär nachts vorbei und manchen Bärenfreund mag danach eine dumpfe Ahnung beschlichen haben, was nun kommen würde. Balthasar, der Schmied, der 1705 mit seinen Bauern gen München gezogen

17

war, um die Stadt und das Land zu befreien, war verraten worden und vor den verschlossenen Stadttoren den Panduren in die Falle gegangen. Zusammen mit seinen 5000 Bauern wurde er in der Sendlinger »Mordweihnacht« niedergemetzelt. Im Münchner Kabarett »Scheibenwischer« sinnierte indessen ein anderer Bruno, nämlich Bruno Jonas alias Bruder Barnabas vom Nockherberg, über den Bären: »Aber einen schönen Namen hat er gehabt!« Der große, anrührende Film »Der Bär« war erheblich zu früh in die Kinos gekommen – oder Bruno, der Bär, war ein Jahrzehnt zu spät dran, weil der Naturschutz seit geraumer Zeit in Bevölkerung und Politik an Boden und Wertschätzung verliert.

Für den Artenschutz sind die guten Jahre vorbei, in denen noch Millionen ausgegeben wurden, um Hamster zu retten, die andernorts als Schädlinge gelten, oder Altwässer »versetzt« wurden, um Eingriffe in den Naturhaushalt auszugleichen. Die in den 1970er-Jahren bei ihrer Wiedereinbürgerung rundum willkommen geheißenen Biber werden jetzt schon im gleichen Atemzug mit Bär, Wolf und Luchs als Problemtiere genannt. Den Kormoranen nützt ihr »Schwarz« in Bayern nichts mehr, und wären sie »grün«, wären ihnen viele dennoch nicht mehr grün. Das Tabu des Abschusses von menschenvertrauten Tieren in den Großstädten wird immer häufiger gebrochen. Auch Stadtparks sollen »bejagt« werden, um die Menschen vor dem bösen Tier zu schützen. Gründe für Bejagung werden schnell gefunden und sie lassen sich von den Behörden mühelos verbreiten. Die Vogelgrippe hat seit dem Winter 2005/06 sogar harmlose Meisen und Spatzen »verdächtig« gemacht.

Was geht hier vor? Feiern Rotkäppchen und der böse Wolf wieder Urständ? Hat der Artenschutz inzwischen so viel Distanz »zum Tier« geschaffen, dass zwischen Wanze und Wolf, zwischen großem Bär und kleinen, lästigen Beißern

18

nicht mehr unterschieden wird? Von allen Seiten, vor allem aber aus dem Norden und Osten, rücken Großtiere nach Mitteleuropa hinein ins Ordnungsland Deutschland auf breiter Front vor. Elche sind in Österreich angekommen. Ein Wolfsrudel lebte jahrelang in Brandenburg. Luchse werden schon mal in Gärten am Stadtrand von Kaiserslautern gesichtet – und Wildschweine in ganzen Rotten in Berlin. In München lebten Biber fast ein Jahrzehnt auf einer Isarinsel am Deutschen Museum. Zu den Bären in der Slowakei gibt es touristische Spezialfahrten, während die in Österreich lebenden möglichst menschenfern und scheu gehalten werden sollen. Über den Tauern kreisen wieder die riesigen Bartgeier, die früher »Lämmergeier« hießen und denen, wie auch den Steinadlern, Kindsraub angedichtet worden war.

Der Bär Bruno ist kein Einzelfall. Er drückt einen Wandel aus, den Naturschützer und breite Schichten der Öffentlichkeit jahrzehntelang herbeigesehnt hatten und mit viel Geld, mit Spendengeldern, unterstützten. Und jetzt, wo die »Großen« unserer europäischen Tierwelt tatsächlich wieder bereit wären zu kommen, sind die Politiker überrascht, rat- und hilflos. Sie verschmähen die Hilfe der Weltspezialisten im eigenen Land, wie etwa Henning Wiesner, Direktor des Münchner Tierparks Hellabrunn und international führender Experte für die Betäubung von Großtieren mit dem Blasrohr. Hingegen wurden Bärenjäger aus Finnland geholt, die mit der steilen alpinen Natur nicht oder nur unzureichend vertraut sind und in der Tat auch mit ihren Elchhunden erfolglos blieben. Eine ganze Anzahl von wirklichen Problemen steht also im Hintergrund, wenn größere Tiere »zum Problem« werden. Sie reichen von der jägerischen Gier nach Abschuss und der maßlosen Bevorzugung von Privatinteressen vor den öffentlichen Belangen bis hin zum Fehlen unabhängiger Institutionen für ein Wildtiermanagement, das in

19

bitterarmen Entwicklungsländern wie auch in den fort-
schrittlichen reichen Staaten längst eine Selbstverständlich-
keit ist. Lieber geben wir riesige Summen Geld aus, damit an-
derswo, möglichst fern von hier, Wildtiere, die auch bei uns
leben könnten, überleben und von Touristen bewundert und
fotografiert werden können. Der WWF Deutschland machte
finanziell sehr erfolgreiche, d.h. einträgliche Bärenschutz-
programme für Kamtschatka mit Bildern niedlich spielender
Bärenkinder in der Wildnis einsamer Bergwelten des fernsten
Ostens und führte Kampagnen gegen die Wilderei von Bären,
deren Gallenblase bei manchen Völkern hochgeschätzt ist.
Tanzbären werden in Rumänien von Tierschutzorganisatio-
nen aufgekauft und in Gehege gesteckt. Thomas Gottschalk
wirbt indessen für den »Goldbären«, der Kinder froh macht
(und Erwachsene ebenso). Kleine Teddybären aber baumeln
an großen Schulranzen.

Nochmals: Was geht hier vor? Haben größere Wildtiere
eine Zukunft in deutschen Landen? Ist unsere Natur zu auf-
geräumt, zu durchdrungen von Menschen und zu hoff-
nungslos überlastet mit Nutzungsrechten und privaten An-
sprüchen, um ein einigermaßen entspanntes Verhältnis
zwischen Mensch und Tier zuzulassen? Gibt es sie überhaupt
noch, die viel zitierte »freie Natur«? Oder ist sie kaum mehr
als ein schöner Schein, der blendet und längst katastrophal
Gewordenes überdeckt? Wohin dürfen *Sie* sich noch begeben
in Bayerns, in Deutschlands freier Natur? Sie, die Sie »nur«
Bürger dieses Landes, nicht aber Besitzer von Wald und Flur,
von Jagd- und Fischereirechten sind? Wer vertritt *Ihre* Interessen an der Natur? Die Behörden, die Sie aussperren? Die
nicht nach den Meinungen und Wünschen der großen Mehrheit fragen, sondern sich nach den bestimmenden Minder-
heiten richten, die nur den eigenen Vorteil suchen? Die Ihnen
eine Unzahl von Ge- und Verboten in den Weg gelegt haben,

20

wenn Sie hinaus möchten in die »freie Natur«? Bruno, der
Bär, vertritt mit seinem »Fall« mehr als seine Art allein oder
die anderen großen Raubtiere. In seinem Todesurteil drückte
sich in aller Deutlichkeit aus, wie wenig Rechte wir, die Allgemeinheit, in der freien Natur draußen haben. Vielleicht
taten die Verantwortlichen, ohne dies zu ahnen, gut daran,
keine windelweiche Betäubungslösung mit Einweisung in ein
»Gefängnis mit gewissem Auslauf« für den freien Bären ge-
wählt zu haben. Bärenanlagen in Wildparks können einem in
Freiheit geborenen Tier das Leben verlängern, aber nicht
vollwertig ersetzen. Die Entscheidungsträger zeigten uns mit
Brunos Todesurteil vielmehr, wie es um uns steht, nämlich
dass wir in der Natur so gut wie nichts zu melden haben.

I.
Ursus arctos, der Braunbär

1. Lebensskizze des Braunbären

Zwei verschiedene Arten von Bären gibt es in Europa. Der braune Bär war bis in historische Zeiten weit verbreitet. Er kam fast überall in Wäldern und Gebirgen vor. Die andere Art, der Eisbär, lebt nur im äußersten Norden am Rand des Eises und ist das größte Raubtier des Kontinents. Dieser weiße Bär ist dennoch ähnlich allgemein bekannt wie sein kleinerer Vetter, der braune Bär, der auch aus der (eiszeitlichen) Kälte kam. Er wird in den nördlichen und östlichen Wäldern erheblich größer als in Mittel- und Südeuropa, wo nur kleine Formen des Braunbären in Restbeständen vorkommen. Von beiden Bärenarten gibt es längst weit mehr handliche Exemplare aus Plüsch und Kunststoff als lebendige in freier Natur. Doch ob braun oder gelblich weiß, Bären sind stets beliebt, zumindest solange sie zum Anfassen taugen. Drei Eigenschaften zeichnen sie auf den ersten Blick aus. Sie haben ein Gesicht, das uns »anspricht«, auch wenn es gar nichts »sagt«. Beim Braunbären ist es viel »weicher« und rundlicher als beim spitzschnäuzigeren Eisbären, der seine blauschwarze Nase meistens »hochnäsig« hält und außerdem eine merkwürdig fahlblaue Zunge hat. Bären tragen ein Fell, das geradezu ideal erscheint zum Sich-Hineinkuscheln, und sie können sich auf die Hinterbeine aufrichten. Dann stehen sie wie Menschen da. Ihre Vorderpfoten werden zu Händen, ihr Bauch hängt behäbig und nun erst beeindruckt ihre Größe so richtig. Denn Bären, nicht nur die riesigen Eisbären, sondern auch die erheblich kleineren Braunbären, sind in der Tat gewaltige Tiere. In Europa erreichen die voll ausgewachsenen Männchen Gewichte von 150 bis 250 Kilogramm und mitunter noch mehr. Eisbären übertreffen die Braunbären etwa um das Doppelte. Die Weibchen bleiben in aller Regel deutlich schwächer als die männlichen Bären, was auch damit zu tun hat, dass sie ihre bis zu drei, ausnahmsweise sogar vier Jungen rund vier Monate lang mit Muttermilch versorgen müssen. Erst dann ist der Nachwuchs in der Lage, sich im Wesentlichen selbstständig zu versorgen, auch wenn die Bärin ihre Jungen weiter führt und schützt. So viel Aufwand zehrt an der Substanz des Körpers vor allem dann, wenn die Nahrung knapp und nicht sehr ergiebig ist. Die Männchen können den jährlichen Zugewinn in ihre eigene Körpermasse stecken, den die Weibchen für die Jungen brauchen. An der Versorgung der Jungen beteiligen sie sich nicht. Deshalb gewinnen sie viel stärker als die Weibchen an Gewicht.

Für die Braunbären ist im Sommer Paarungszeit. Bruno, das dreijährige junge Männchen, war wohl auf der Suche nach einem anderen Bärenvorkommen, wo er als Jungbär vielleicht schon eine Chance gehabt hätte, ein Weibchen zu finden. Im Juli ist es bei den Bären so weit. Nach tage- bis wochenlangem Suchen und Werben wird das Männchen von der Bärin angenommen. Verlief das Frühjahr schlecht, kann sich die Paarungszeit auch in den August hinein verschieben. Die trächtig gewordene Bärin zieht wieder ihrer Wege. Bären benutzen sogenannte Streifgebiete, die sich teilweise überschneiden können. Starke Bärenmännchen halten Rivalen aus ihren Revieren fern, während die Weibchen meistens etwas toleranter sind und auch mit kleineren Streifgebieten zurechtkommen. Bären brauchen viel Platz. Die Gebiete, die sie im Sommerhalbjahr durchstreifen, sind in Europa in den nördlichen Regionen größer als in den südlichen. Sie reichen von 10 bis über 25 Quadratkilometer pro Bär. Nur unter sehr günstigen Umständen mit reichlich Nahrung leben sie dichter zusammen. So zum Beispiel an sehr fischreichen, flachen Flüssen, in denen sie zeitweise Lachse und andere Wanderfische mit geringem Aufwand fangen können. Nun sind die Zeiten der großen Lachswanderungen in Europa allerdings längst vorbei. Die Bären wurden abgedrängt in die vom Menschen dünn besiedelten Regionen, die aus landwirtschaftlicher Sicht als Grenzertragsgebiete eingestuft werden oder ganz und gar unergiebig sind. Schwerpunkte des Vorkommens der Braunbären sind daher die kaum genutzten Wälder des Nordens von Norwegen und Schweden über Finnland hinüber nach Russland, große Waldgebiete in den Karpaten und auf dem Balkan sowie kleinere, unzugängliche Wälder auf dem Balkan, den Gebirgen der Iberischen Halbinsel und in Italien. Die Deutschland am nächsten liegenden Vorkommen von Braunbären befinden sich in Österreich, in Slowenien und in Norditalien. Während es sich bei diesen Vorkommen in Süd-, Mittel- und Südwesteuropa ausnahmslos um Kleinbestände mit nur wenigen Dutzenden von Bären handelt, leben in den Wäldern des Nordens zwar insgesamt viel mehr, diese aber auch sehr weit verstreut, sodass es nirgends in Europa »viele Bären« gibt. Der Braunbär steht auf der »Roten Liste der vom Aussterben bedrohten Tiere«. Als Art ist er europaweit und global geschützt. Denn seine Vorkommen erstrecken sich ostwärts über weite Bereiche Nord- und Zentralasiens bis in den Fernen Osten. Sehr große Formen des Braunbären mit Gewichten bis über 500 Kilogramm leben auf Kamtschatka. Doch damit nicht genug: Der Braunbär kommt auch in Nordamerika vor, wo seine kleineren und mittelgroßen Formen als Grizzlybären bekannt sind, die ganz großen aber von Kodiak-Braunbären repräsentiert sind. Ähnlich wie auf Kamtschatka wachsen sie dank reichlicher Lachsvorkommen zu Riesen heran. Diese Bären entsprechen den eiszeitlichen Verhältnissen.

Eiszeitbären

Während der Eiszeiten lebten nahezu überall im (eisfreien) Europa und bis weit nach Asien hinein nahe Verwandte des heutigen Braunbären. Von ihnen gibt es so viele Schädelfunde aus Höhlen, dass sie Höhlenbären genannt werden. Manche übertrafen die größten der heutigen Bärenriesen noch ganz erheblich. Da sich während der letzten Eiszeit auch Menschen in Höhlen aufhielten und wohl nicht selten ihre Schlupfwinkel von einem riesigen Bären besetzt vorfanden, wenn sie von der Jagd zurückkehrten, kam schon vor Jahrzehntausenden die Wertschätzung zustande, die Bären auch heute noch genießen. Den größeren Teil der Existenzzeit der Menschen waren sie unüberwindlich stark, bis aus der Ferne wirkende Waffen, wie Wurfspeere und Pfeile, unseren fernen Vorfahren die Überlegenheit brachten. Das dicke Bärenfell erfreute sich sicherlich stets großer Wertschätzung, wenn es im eiszeitlichen Europa bitterkalt geworden war.

Überwinterung

Im Winter sind die Bären auf eine ganz andere Weise den Menschen »überlegen«. Sie begeben sich in eine Winterruhe, in der sie die ungünstige Jahreszeit einfach verschlafen. Rechtzeitig im Herbst suchen sie sich eine für ihre Größe geeignete Höhle, rollen sich darin mehr oder minder stark zur Kugel ein, senken die Körpertemperatur deutlich ab und zehren von den Vorräten an Fett, die sie sich im Laufe des Sommers und Herbstes angefuttert haben. Oft sind sie dabei richtiggehend eingeschneit. Je mehr Schnee die Bärenhöhle bedeckt, desto besser wird die Winterkälte abgehalten und umso weniger rasch zehrt der Bär seine Fettvorräte auf. Gute Winterhöhlen sind deshalb begehrt – vor allem auch von den Weibchen.

Fortpflanzung

Meistens noch während der Winterruhe, oft schon im Februar, gebären die Bärinnen ihre überraschend kleinen, nur etwa rattengroßen Jungen. Eine trächtige Bärin polstert ihre Winterhöhle im Herbst besonders sorgfältig mit Moos und dürren Pflanzen aus, sodass sie darin ihre Jungen besser warm halten kann. Diese öffnen erst nach vier bis fünf Wochen die Augen. In der dunklen Höhle sind sie auf ihren Tastsinn angewiesen. Wenn sie dann im April oder Mai mit der Mutter aus der Höhle kommen, sehen sie wie lebendige Teddybären richtig putzig aus. Dies ist die gefährlichste Zeit für die Bärenkinder – und auch für die Menschen, die den Bären zu nahe kommen. Trifft man in dieser kritischen Phase auf eine Bärin mit kleinen Jungen, so kann das ziemlich riskant werden. Denn die Mutter greift durchaus unvermittelt an, wenn ihre vermeintliche Sicherheitsdistanz unterschritten ist. Da der einzige nennenswerte natürliche Feind der Braunbären der Wolf ist, richtet die Bärin ihre Angriffe nicht zuerst auf die Menschen, sondern fast ausnahmslos direkt auf die begleitenden Hunde. In einem Bärengebiet kommt ein guter Hund einer Lebensversicherung gleich, für die wenig Einsatz zu leisten ist, aber umso verlässlichere Sicherheit geboten wird. Viele Bärenkinder überleben trotz intensiver Fürsorge nicht, wohl weil die Fährnisse der Frühjahrswitterung ihnen stark zusetzen. Trockene, gleichmäßige Kälte ist für sie besser als der vielfach zu rasche Wechsel zwischen frühsommerlich warmem und gleich wieder mit Schnee und Frost durchsetztem Spätwinterwetter. Es hängt sehr viel davon ab, in welcher körperlichen Verfassung sich die Mutter befindet, ob die Jungen, zumal wenn es Mehrlinge sind, überleben. Warum die Bärenjungen so klein und so anfällig geboren werden, stellt eine interessante biologische Frage dar. Sie wird wieder aufgegriffen, wenn im Folgenden die Nahrung der Braunbären genauer betrachtet wird. Die jungen Braunbären wachsen recht langsam, verglichen etwa mit Katzen oder Hunden, die wie die Bären zur großen Familie der Raubtiere gehören. Sie bleiben auf jeden Fall bis zum Herbst, meistens auch noch im nächsten Sommer bei der Mutter. Eine Bärin, die Junge aufzieht, wird im selben Sommer nicht wieder brünstig, sondern erst im darauffolgenden Jahr. Die Bärin muss allein sein oder zumindest ihre Jungen entwöhnt haben. Wenn drei oder gar vier erfolgreich großgezogene Junge die Mutter stark »ausgezehrt« haben, kann es auch ein zusätzliches Jahr dauern, bis sie erneut Nachwuchs bekommt. Da Braunbären unter günstigen Bedingungen in der Natur über 30 Jahre alt werden, bedeutet ein für die Fortpflanzung ausgefallenes Jahr nicht allzu viel, wenn dafür die Jungen kräftig geworden sind und überlebten. Ein Bärenbestand wächst aus diesen Gründen langsam. Die Fortpflanzung ersetzt Verluste nicht so schnell wie bei anderen größeren Tieren. Die große Jungenzahl bei einem so kräftigen Tier täuscht ein wenig. Das zeigt sich in den Verlusten. Stimmen muss die Bilanz. Wird sie negativ und hält das Minus jahrelang an, stirbt das Vorkommen aus. Wenn aber der Bestand wächst, weil Jungbären in genügender Anzahl überleben, müssen sich die Bären räumlich ausbreiten können. In dieser Gegebenheit deutet sich die Problematik ausreichender Lebensraumgröße an.

Warum bekommt die Bärin dann nicht einfach alljährlich nur ein Junges, das sie weniger in Anspruch nimmt als Zwillinge oder Drillinge? Wäre dem so, könnten die Bärenschützer auch besser beurteilen, wie der Bestand anwächst und wann etwa die Grenzen des verfügbaren Lebensraumes erreicht sein werden. Um diese Merkwürdigkeit verstehen zu können, müssen wir uns die Nahrung des Braunbären etwas genauer ansehen.

Nahrung

Der Braunbär ist seiner Natur nach ein »Allesfresser«. Darin stimmt er mit uns Menschen grundsätzlich überein. Doch »alles« bedeutet nicht wirklich alles. Braunbären können sich genauso wenig wie wir Menschen von Gras oder gar von Nadeln oder Blättern der Waldbäume ernähren. Verholzte Wurzeln sagen ihnen ebenso wenig zu. Im Grunde genommen können wir davon ausgehen, was uns schmeckt und gut tut, das mag auch der Braunbär. Er ist »Allesfresser« in unserem menschlichen Sinne. Dass er gern auch dicke, fette Maden oder Engerlinge mag, sollten wir nicht als Unterschied werten, denn erstens werden solche andernorts durchaus auch von Menschen gegessen, und zweitens handelt es sich dabei um tierisches Protein, um Eiweiß also, das in der Natur selten reichlich zur Verfügung steht. Dass wir in unserer Zeit genug davon haben, gehört zu den historischen Ausnahmen und nicht zur Regel. In einer Hinsicht übertrifft uns der Braunbär jedoch beträchtlich. Er kann ohne weiteres auch Tierkadaver verwerten, deren Fleisch schon in Fäulnis übergeht. Sein Magen hat Salzsäure, die stark genug ist, die Bakterien und die von ihnen abgeschiedenen Leichengifte unschädlich zu machen. Wir brauchen hingegen das Feuer, damit rohes Fleisch bekömmlich wird. Ansonsten geht der Bär bei der Suche nach Nahrung ganz wie der Mensch vor. Er bevorzugt reife Beeren und süße

Früchte, mag wohlschmeckende Pilze, jungen Mais und vor allem Honig. Bienenstöcke in Bärengebieten sind daher stets der Gefahr ausgesetzt, zur Unzeit und unsachgemäß geplündert zu werden. Der Bär hat dazu die Vorteile eines dicken Fells, durch das die Bienen nicht stechen können, und einer recht unempfindlich-robusten Nase, die er sich mit den krallenbewehrten Pranken immer wieder von den angreifenden Bienen säubert. Seine kleinen Augen schließt er, wenn der Duft des Honigs in der Nase sein Tun lenkt. Weiche, an Stärke reiche Wurzeln und Knollen, junge, saftige Triebe und dergleichen runden das Spektrum der Bärennahrung ab. Es setzt sich also aus den auch für uns Menschen grundlegenden Hauptteilen von Nahrung zusammen: Proteinen, Zucker und Gemüse. Das »Grünzeug« liefert die Vitamine sowie wichtige Mineralstoffe, die tierische Nahrung enthält die Proteine, die der Bär für Wachstum und/oder die Fortpflanzung braucht, und die Zucker stellen den »Brennstoff« für seine Aktivitäten dar. Dieser ist besonders nötig, denn Bären sind viel unterwegs, schwer an Gewicht, und da sie mit flacher Fußsohle wie wir Menschen laufen, aber viel mehr Gewicht darauf legen müssen, strengt sie ihre Fortbewegung an. Sie gehen daher auch lieber auf allen vieren als zweibeinig aufgerichtet, ruhen, wenn möglich, auch nach der Winterruhe, ausgiebig, und meiden Sonne und Wärme, wenn sie unterwegs sind. Denn in der Sonne besteht die Gefahr der Überhitzung des Körpers unter dem dicken Bärenfell. Dieses wird zwar, wie bei den meisten Säugetieren, zum Sommer dünner als im Winter, aber Bärenfell bleibt Bärenfell. So ist es für die Bären besser, nachts zu wandern, wenn es draußen kühler ist. Die südlichen Vorkommen schließen das heiße Flachland aus und beschränken sich auf die Berge. Bären laufen auch nicht gern über längere Strecken. Sie sind zwar schnell im Sprint, spurten aber nur auf kurzer

Strecke. Lieber trollen sie sich im Schweinsgalopp, wenn es geht, und ihre Angriffe bleiben meistens Schein. Nur wo ihnen ernsthaft Gefahr droht, riskieren sie Hitzestau im Körper und greifen mit großer Wucht und unerwarteter Ausdauer an. Wanderer haben in aller Regel nichts zu befürchten. In Gefahr gerieten fast ausnahmslos Jäger mit Hunden, die Bären verfolgten, nicht aber harmlose Spaziergänger.

Die Bevorzugung von Süßem, vor allem von Honig, verrät noch mehr über das Bärenleben. Zucker liefert nicht nur am schnellsten Energie, sondern dieser kann auch, wenn kein unmittelbarer Bedarf besteht, im Körper umgebaut und als Fett gespeichert werden. Die Vorliebe für Honig und reife Beeren drückt diesen wichtigen Vorgang im Bärenkörper aus. Jeder Bär, die Zooinsassen ausgenommen, muss sich im Sommer und Herbst eine für die Winterruhe hinreichend dicke Speckschwarte anfuttern. Denn von dieser lebt er rund ein halbes Jahr lang. Dass der Bedarf an Beeren für einen 100-Kilogramm-Bär nicht gerade gering sein wird, um tüchtig fett zu werden, liegt auf der Hand. 100 Kilo »Magergewicht« brauchen schon 20 oder 30 Kilo Fett für den Winter. Bären verzehren daher im Sommer und Herbst ganz ausgiebig Beeren, die sie zu Speicherfett »umwandeln«. Bären fressen darüber hinaus besonders gern »fette« Beute. Denn diese liefert nicht nur Eiweiß, sondern eben auch das so sehr benötigte Fett. Kein Wunder also, dass Schafe bevorzugt angegriffen werden, Ziegen und Rehe aber viel weniger oder gar nicht. Denn die Schafe drücken mit ihrem dicken Wollpelz (und vielleicht auch mit dem Geruch des Wollfetts, dem Lanolin) für den Bären buchstäblich fette Beute aus, zumal sie nicht so gut und scharf sehen. Auf uns Menschen bezogen mag der Bär die Schafe vielleicht so betrachten wie wir ein gutes Stück Räucherspeck (im Winter).

Was für die Überwinterung gut ist, schafft aber Probleme mit der Fortpflanzung. Denn der Bär, speziell die Bärin, die schwanger geworden ist, sollte während der Überwinterung so wenig wie möglich aufstehen müssen, um Kot abzusetzen. Denn das Aufwachen kostet bei winterlicher Kälte zusätzliche Energie. Hat der Bär an Eiweiß in der Nahrung »gespart«, aber Fett angespart, kann der Stoffwechsel im Körper dieses fast rückstandsfrei verbrennen. Denn aus Fett entstehen außer der gewonnenen Wärme nur Wasser und Kohlendioxid. Letzteres und einen Teil des Wassers atmet der schlafende Bär aus. Das übrig bleibende Wasser kann die Harnblase sammeln, ohne dass der schlafende Körper davon belastet wird. Was für den Bärenmann nun gut, ja geradezu ideal ist für den langen Schlaf, verursacht für die schwangere Bärin ziemliche Probleme. Ihr Körper muss Eiweiß und Mineralstoffe für den Aufbau der Körper der Jungen zur Verfügung stellen, sollte dabei aber möglichst keinen Abfall erzeugen. Der Kompromiss besteht in Jungen, die nach sieben bis acht Monaten Tragzeit noch sehr klein und recht unterentwickelt geblieben sind. Gleich nach dem Erwachen im Frühjahr muss die Bärin ihre Jungen aber gut und reichlich säugen können. Für die Absonderung von Muttermilch braucht sie Proteine und Milchzucker. Diese kann sie aus dem Reservefett nur unvollständig oder gar nicht (Eiweiß) aufbauen. Körpereigene Stoffe müssen in der Bärin freigesetzt werden, um die Jungen mit der benötigten Milch zu versorgen. Das zehrt nun in der Tat ganz direkt an ihrer Kondition. Kein Wunder also, dass die Bärinnen auch in späteren Jahren so viel schwächer sind als die Männchen, die von all diesen Strapazen freigestellt sind.

Hungerzeiten

Ob die Bärin gut durch den Winter kommt und ihre Jungen durchbringt oder nicht, hängt meistens davon ab, was ihr das Frühjahr bietet. Besonders günstig sind einigermaßen »frische« Kadaver von Großtieren, wie Hirschen, Gämsen oder, wo diese im Bergwald bis in die Lawinenzone vorkommen, auch solche von Rehen. Schafkadaver sind rar, weil die Schafe rechtzeitig zu Tal getrieben worden sind, bevor der Winter mit Kälte und Schneemassen kam. Die Lawinen sind somit die besten »Freunde« der Bären. In den Schneemassen bleiben die umgekommenen Wildtiere mitunter bis in den Frühsommer hinein frisch wie in einem guten Kühlschrank. Fällt der Winter mild und schneearm aus, steht es im Frühjahr schlecht um die Bären. Den Adlern geht es dann übrigens auch nicht gut, denn diese brauchen ebenfalls die Kadaver von Großtieren, weil sie nicht, wie die Geier, im Winter die Berge verlassen und nach Süden ziehen.

Bruno drückte den »Engpass Frühjahr« auch mit der Weite seiner Wanderung aus. Nach dem Winter enthalten die Bergwälder noch kaum etwas, von dem die Bären richtig leben können. Junges Grün ist nicht sonderlich ergiebig. Nester von Bodenbrütern mit Eiern voller Protein sind rar im Bergwald. Wer im Wald nach Wurzeln sucht, um eine Suppe daraus zu kochen, wird kaum mehr als eine Geschmackszugabe zum Wasser finden. Die gute Zeit kommt mit dem Sommer und mit dem Übergang zum Herbst, wenn es reichlich Beeren und Früchte oder stärkereiche Samen gibt. Im Frühsommer bleibt meistens nur die mühsame Suche nach großen Insektenlarven, den »fetten Maden«, oder den Puppen von Schmetterlingen, die unter der Bodenoberfläche ruhen. Ihre Häufigkeit schwankt von Jahr zu Jahr. Strenge Winter können sie vernichten, schlechte vorausgegangene Sommer werden von vornherein nur einen geringen Bestand zur Folge haben. Bruno war daher auch aus diesem Grund auf der Suche nach Nahrung weit umhergezogen und dabei ganz besonders von Schafen und Bienenstöcken »angezogen« worden. Das Frühjahr bedeutet Fastenzeit für Bären. Früher war das hierzulande auch für die Menschen so – und es musste mit dem religiös vorgeschriebenen Fasten Ersatz gefunden werden. Die Bayern behalfen sich in dieser Zeit mit nahrhaftem Starkbier. Den Bären blieb jedoch nur das Risiko, Schafe zu töten, um wieder zu Kräften zu kommen. Das wurde vor allem den Alpenbären zum Verhängnis. Im 17. und 18. Jahrhundert wurden sie so gut wie vollständig ausgerottet. In den bayerischen Bergen fiel der letzte Bär 1835. Der glückliche Schütze war der Revierförster Reisberger. Eine ganze Gruppe von Gebirgsschützen trug ihn im Triumphzug zu Tal. Dieses Ereignis ist sogar in der *Landes- und Volkskunde des Königreichs Bayern, Bavaria* von 1860 vermerkt worden. Der Bär steckte damals wohl ähnlich in der Klemme (der Natur) wie Bruno gut 170 Jahre danach. Hinzugefügt hatte man in der *Bavaria*: »Seit dem Jahre 1837 hat sich auch kein Wolf mehr gezeigt; im genannten Jahre wurde der letzte erschossen. Drei Jahre lang hatte er arg unter dem Wilde der Tegernseeberge gehaust und war einmal bis in die nächste Nähe Münchens vorgedrungen. Er war gleichfalls ein Flüchtling aus Tirol.«

2. Der letzte »bayerische Bär« und seine Zeit

Jahrhundertelang sind die großen Raubtiere verfolgt worden. Als 1835 bei Ruhpolding in den Chiemgauer Alpen der bis Juni 2006 »letzte bayerische Bär« erschossen worden war, handelte es sich bei diesem genauso wenig um einen bayerischen Bären wie bei »Bruno« alias JJ 1, sondern um einen Zuwanderer aus anderen Alpenregionen. Die Geschichte der Bärenabschüsse in Tirol bestätigt diese Feststellung und die Einschätzung, die Mitte des 19. Jahrhunderts in der *Bavaria* vorgenommen worden war. Bären waren damals in den nördlichen Randbereichen der Alpen bereits ausgerottet. So aufschlussreich die Historie zu den letzten dokumentierten Abschüssen von Bären und anderen (gefährlichen) Großtieren auch ist, die Hintergründe eröffnen noch weit tiefere Einblicke, so man sich näher mit ihnen befasst. Die Ausrottung der Bären in fast dem gesamten Alpenraum fällt zusammen mit dem Verschwinden des mächtigen Bartgeiers, den man Lämmergeier genannt hatte, mit der Ausrottung des Luchses und dem Niedergang der Vorkommen des Steinadlers, des Uhus und des Fischotters. Ausgerottet wurden im frühen 19. Jahrhundert auch die eigentlich sehr geschätzten Biber. Der Nerz verschwand, Hirsche wurden rar, Rehe gab es kaum noch und die Wildererromantik blühte auf. Es ging keineswegs dem Bären allein an den Kragen. Was geschah damals und was hat das Geschehen für die heutige Zeit für eine Bedeutung? Eindrücke vermitteln die Chroniken der vergangenen Jahrhunderte, auch wenn sie sicherlich nicht vollständig geführt worden sind. Aber es reimt sich einiges zusammen.

Bärenabschüsse in Tirol

Martin Reiter und Thomas Naupp berichten in ihrem 2006 erschienenen Bärenbuch für Tirol, dass »um die Mitte des 19. Jahrhunderts in der Leutasch ein Bär sein Unwesen trieb, indem er mehrere Kälber und Schafe riss; Jahre später konnte er im Walchenseegebiet in Bayern unschädlich gemacht werden. Ein bayerischer Jäger hatte ihn durch einen gezielten Kopfschuss zur Strecke gebracht.« Gemeint war damit wohl jener »letzte bayerische Bär« von 1835 aus der Gegend von Ruhpolding. In Nordtirol wurde derselben Quelle zufolge zuletzt einer am 14. Mai 1898 im Stallental erlegt. Für Südtirol gilt die Erlegung im Pragser Tal am 21. September 1944 als der bislang »letzte« Bär. Alte Rechnungsbücher, die Reiter und Naupp in ihrem Bärenbuch anführen, zeigen der Zahl nach den Niedergang der Bären in den zentralen Alpen seit dem 17. Jahrhundert. Von 1642 an, dem Beginn der Auflistung in den *Georgenberger Rechnungsbüchern*, bis 1793 erhielten Schützen für insgesamt fast 70 erlegte Bären Schussgeld. Davon entfallen auf die ersten fünfzig Jahre 42 Stück, auf die

37

zweiten 27 und für die 50 Jahre von 1743 bis 1792 nur noch einer. Die Ausrottung des Braunbären war also bereits in der zweiten Hälfte des 17. Jahrhunderts voll in Gang und spätestens in der zweiten Hälfte des 18. Jahrhunderts so weit vollzogen, dass nur noch einzelne wandernde Bären in der Folgezeit festgestellt und erlegt wurden. Doch die Zeitangaben lassen trotz der Einschränkungen, dass der Tag der Auszahlung nicht das Datum der Erlegung bedeutet, einen klaren Schluss zu: Die Bären waren schon seit 1700 fast nur noch auf ihren Wanderungen und nicht in ihren beständigen Wohngebieten aufgespürt und getötet worden. Allein zwölf Abschüsse fallen in die Spätwinter- und Frühjahrszeit, die in den Hochlagen der Alpen bis Anfang Juni reicht, und weitere vier in den Herbst. Davor hingegen, von 1642 bis 1700, verteilen sich die Erlegungen ganz anders: Acht bis zehn wurden im Winterlager aufgespürt, 23 im November/Dezember erlegt und 29 im Sommer. Mit zwölf Bären ist der Juni fast genauso stark vertreten wie der November (14). Aus diesem groben jahreszeitlichen Muster geht hervor, dass schon seit rund 300 Jahren Braunbären in Tirol nur noch gelegentlich herumwanderten und dabei auch den Gebirgsrand in Bayern erreichten. Sie waren in ihren früheren festen Vorkommen also ziemlich zur selben Zeit wie die Wölfe ausgerottet worden und nicht, wie häufig angenommen wird, erst ein Jahrhundert später. Nur der Luchs konnte sich, dank seiner unauffälligen Lebensweise, bis in das frühe 19. Jahrhundert halten. Doch diese große Katze kommt auch mit kleiner Beute, wie Mäusen, Schneehasen und Hühnervögeln, zurecht, wenn Rehe rar sind. Das waren sie auch in diesen Zeiten. Die Wälder waren weithin licht, wegen des hohen Holzbedarfes übernutzt, aber auch vom Weidevieh offen gehalten, das weitgehend von der Waldweide leben musste. Den Bären kam diese Form der Landnutzung in den Bergen insofern zugute, als sich in den gut durchlichteten Wäldern an

vielen Stellen niedrige Beerensträucher entwickeln konnten.
Auch gab es immer wieder tote Haustiere, sei es, dass diese ab-
gestürzt waren oder einer Erkrankung zum Opfer fielen. Tier-
ärzte standen für das Weidevieh in Wald und Gebirge nicht zur
Verfügung. Die Almwirtschaft war weitestgehend auf eigene
Kenntnisse angewiesen. Diese bestanden aus der Anwendung
heilender Kräuter, notdürftiger Wundverpflegung und mitunter auch nur aus dem »Besprechen« (mit Zaubersprüchen). Da
Bären über eine sehr leistungsfähige Nase verfügen, rochen sie
die Kadaver in den Bergen über größere Entfernungen hinweg, als das im Flachland möglich wäre, wo sie die Witterung
nur in offenem Gelände gut aufnehmen können. Die Steilheit
vieler Felswände mit schroffen Karen gleich unter guten
Hochweiden, die das Vieh nutzte, und die Unbilden der so
rasch wechselnden Witterung begünstigen in der Tat solche
Kadaverjäger wie die Bären und die Geier. Denn für das aus
dem Flachland stammende Vieh ergibt sich im Gebirge ganz
von selbst ein stark erhöhtes Risiko zu verunglücken.

Bergvieh als Nahrungsquelle

Hinzu kommt nämlich, dass die Alpen in den vergangenen
Jahrhunderten, wie auch die meisten anderen Gebirge Europas, weit stärker von der Viehwirtschaft genutzt wurden als in
der Gegenwart. Das drückte sich auch in der Vogelwelt aus.
Auf Adler und Geier wird noch näher eingegangen werden.
Hier ist festzuhalten, dass auch diese mehr oder minder stark
von Tierkadavern lebenden Großvögel offenbar in ganz ähnlicher Weise in ihrer Häufigkeit abgenommen haben wie die
Bären und schließlich im 19. Jahrhundert weitgehend verschwunden sind. Nicht einmal der so vielseitige und geschickte
Kolkrabe konnte sich diesem Rückgang entziehen, den zwar
die starke Verfolgung durch die Jagd verschärfte, aber nicht al-

lein verursachte. Denn alle sind sie, wie die Bären, von genügend Fleisch abhängig, das sie im Frühjahr zu Beginn ihrer Fortpflanzungszeit erbeuten oder finden können. Abgehende Lawinen waren die Hauptversorger dieser Tiere, wenn sie Gämsen oder Schafe, in den Bergwäldern auch Rotwild, mit in die Tiefe rissen und unter ihren Schneemassen gut gekühlt über Wochen und vielleicht sogar Monate haltbar gemacht hatten. Wo die Bären solche Kadaver nicht mehr finden können, wenn sie aus ihrer Winterruhe aufgewacht und hungrig sind, bleibt ihnen gar nichts anderes übrig, als in Schafspferche einzudringen, Bienenstöcke zu plündern oder Vieh direkt anzugreifen. Die Winterruhe der Bären passte eigentlich ganz gut zur Almviehhaltung und zur Weidenutzung der Hochlagen. Denn das Vieh kam auf die Almen, wenn die Bären wieder munter geworden waren, und es wurde ins Tal zurückgebracht, wenn diese ihre Überwinterungshöhlen aufzusuchen hatten.

Die Häufung der Prämienzahlungen oder direkten Berichte von Abschüssen im November und Dezember (ein Drittel der Gesamtzahl) zeigen aber auch, dass die Bären bereits zwischen 1660 und 1700 Schwierigkeiten hatten, sichere Orte zu finden. Es kann auch sein, dass sie zu lange umhersuchten, weil es ihnen nicht gelungen war, sich genügend Fett für die Überwinterung anzufuttern. Die Zeiten waren schlecht für sie – wie auch für die Menschen, denn die sogenannte Kleine Eiszeit war mit außerordentlich kalten Wintern und vielfach auch ziemlich nasskalten Sommern hereingebrochen. Der Verlust von einzelnen Stücken Vieh war für die betroffenen Menschen unter Umständen ein Schlag, der ihr Überleben bedrohte. Die Raubtiere wurden daher ganz besonders stark verfolgt. Die Obrigkeit, die kirchliche mit eingeschlossen, zahlte Abschussprämien aus durchaus sehr eigennützigen Gründen. Außerdem zeigen die Bilder aus jenen Zeiten, wie heruntergekommen die Wälder waren. Die

Holznutzung war, verstärkt durch die kalte Witterung, geradezu außer Kontrolle geraten. Waren die Hänge nicht gerade unbegehbar steil, wurden sie weitgehend entwaldet. Das nachkommende Buschwerk mag zwar für Bären, Luchse und Wölfe bessere Deckung geboten haben, aber keineswegs mehr Nahrung. Diese Großtiere mussten damals im Wesentlichen vom Vieh der Menschen leben, was ihnen natürlich schlecht bekam. Die Bergnatur allein hätte kaum das bieten können, was ein Bärenbestand an Nahrung braucht, der sich selbst erhält und vermehrt. Pflanzliche Kost, von der sich die Bären umfänglich ernähren, reicht zuzeiten gerade zum Überleben, ist aber zu wenig ergiebig für die Fortpflanzung. Aus der Notwendigkeit heraus, Proteine zu bekommen, betätigen sich die Bären in wildarmen Regionen daher als »Fischer« und fangen im Flachwasser fette, zum Laichen aufsteigende Lachse. Die Bergbachforellen der Alpen wären dazu in keiner Zeit ausreichend gewesen. Der Aufwand, sie zu fangen, hätte den Bären mehr Energie gekostet als eingebracht. Bären waren also schon in jenen früheren Jahrhunderten, in denen es sie noch verbreitet in den Alpen und in den großen Wäldern von Nord-, Mittelost- und Osteuropa gegeben hat, vom Weidevieh der Menschen abhängig. Folglich wurden sie als Schädlinge erachtet und entsprechend verfolgt. Gerade die großen Bären waren aber in den aufgelichteten, heruntergewirtschafteten Bergwäldern besonders gut sichtbar. Sie hätten sich damals sicherlich nicht so leicht und so erfolgreich wochenlang geschulten Jägern entziehen können wie der Bär »Bruno« im Frühsommer des Jahres 2006 in den bayerischen Bergen. Diese Gesichtspunkte müssen noch vertieft werden, wenn es im abschließenden Kapitel um die Zukunft der (mitteleuropäischen) Großtiere geht. Betrachten wir nun aber die anderen Vorkommen des Braunbären und welche Lebensverhältnisse dort für die Bären gegeben sind.

3. Bären in Europa, Asien und Nordamerika

Der Bestand an Braunbären in Europa westlich des Urals dürfte gegenwärtig auf etwa 50 000 Individuen zu veranschlagen sein. Der weitaus größte Teil davon lebt in den nordwestrussischen Wäldern. Die in Abstimmung mit den russischen Kollegen vom WWF Österreich geschätzte Anzahl Bären wird dort auf etwa 37 000 beziffert. Das nordrussische Vorkommen geht über Karelien direkt in den weniger als 2000 Bären umfassenden Bestand von Finnland und Schweden über und erreicht in seinen westlichsten Randbereichen noch Norwegen. Weiter nach Osten, jenseits des Urals, erstrecken sich die Vorkommen in der breiten Zone der großen nordischen Nadelwälder, Taiga genannt, durch Sibirien ostwärts bis an den Pazifik, wo auf der Halbinsel Kamtschatka die weitaus größte, wuchtigste Form des Braunbären lebt, die es in Eurasien gibt. Diese Bären entsprechen den anderen Riesen ihrer Art auf der Insel Kodiak an der nordamerikanischen Westküste. Denn das Artareal des Braunbären reicht über Alaska nach Kanada und in nördliche Teile der Vereinigten Staaten. Die dortige Form des Braunbären ist als Grizzly bekannt. Wissenschaftlich trägt sie den Unterartnamen »der Schreckliche«: *Ursus arctos horribilis*. Der englische Name Grizzly bezieht sich auf das im Grundton grauere Fell, das diese Bärenform vor allem vom dunkelbraunen, riesigen Kodiakbär unterscheidet. Wie in Europa und Asien vom hiesigen Braunbären gibt es vom nordamerikanischen Grizzly-Braunbären auch zahlreiche mehr oder weniger isolierte Vorkommen in Hochgebirgen. In Asien finden sich solche in den Gebirgen des Altai, Pamir, in Bergregionen von

Nordchina und auch in den südwestasiatischen Gebirgen, wie im Kaukasus und im Iran. In Teilen des Himalajas kam eine, gegenwärtig nur noch in Restbeständen existierende, sehr helle Farbvariante vor, der Isabell-Braunbär. Er erhielt einen eigenen wissenschaftlichen Unterartnamen, *Ursus arctos isabellinus.* Ganz allgemein tragen Braunbären in den zumindest zeitweise warmen, südlicheren Vorkommen ein helleres Fell als solche, die in Wäldern und Gebirgen mittlerer Breiten leben. Ein besonders helles Fell hat der noch seltenere Syrische Braunbär *Ursus arctos syriacus.* Die dunkelsten Formen findet man in Küstennähe in feuchtem Klima. Wiederum heller wird das Fell bei den nördlichen Vorkommen, die mancherorts, wie an der riesigen Hudson-Bucht in Nordamerika, direkt mit den gelblich weißen Eisbären zusammentreffen können. Die Fellfarbe spiegelt daher mehr die äußeren Lebensbedingungen als Besonderheiten abgegrenzter, vom großen Rest der Bärenvorkommen isolierter Bestände, denen der »Status« einer eigenen Unterart zugeteilt worden ist.

Größentrends

Ein anderer Trend ist wichtiger: Je kälter die Lebensräume der Bären sind, desto größer und kompakter gebaut sind sie. Umgekehrt sind die in milden oder warmen Regionen lebenden Braunbären verhältnismäßig klein und schlank. Allein in Europa macht das einen Unterschied von den zierlichen südwestlichen Bären mit selten mehr als 1,70 Metern Körperlänge und Gewichten um die 70 Kilogramm, was also etwa »Menschenmaße und -masse« bedeutet, über die nordeuropäisch-skandinavischen Mittelklasse-Bären von 2 bis 2,20 Metern Länge und über 200 Kilogramm zu den Großbären des Urals mit über 250 Kilogramm (in Ausnahmefällen bis 340 kg). Die

43

wahren Riesen der Braunbärenwelt von Kamtschatka und Kodiak werden über drei Meter lang, was sie aufgerichtet mehr als nur bedrohlich erscheinen lässt. Sie können bis an die 800 Kilogramm schwer werden. Sie sind damit zusammen mit den im Winterspeck bis an die 1000 Kilogramm erreichenden Eisbären der sibirischen Arktis die größten Landraubtiere überhaupt. Man könnte sie auch für die »Stärksten« halten, aber ihre Kraft setzen diese Riesen nicht in der Weise wie Tiger oder Löwen ein, da sie wegen ihrer Schwergewichtigkeit für blitzschnelle Angriffe auf Beutetiere zu langsam sind.

Der Zusammenhang zwischen Klima und Größe ist seit langem bekannt. Er gilt als eine »Öko-Regel«. Sie besagt ganz allgemein, dass Angehörige derselben Art oder einer Artengruppe aus gleicher Verwandtschaft umso größer und kompakter werden, je kälter ihre Lebensräume sind – und umgekehrt. Diese sogenannte Größenregel drückt ein wichtiges Verhältnis des Körpers zur Umwelt aus. Bei einem warmblütigen Tier fließt nämlich beständig Wärme aus dem Körper nach außen ab, wenn es draußen kälter ist. Meistens ist das auch so, weil die Betriebstemperatur vieler Säugetiere ganz ähnlich wie beim Menschen bei etwa 37 Grad Celsius liegt. Soll diese Innentemperatur beständig aufrechterhalten werden und möglichst genau auf gleicher Höhe bleiben, muss der Stoffwechsel im Körper entsprechend »nachheizen«, also Energie freisetzen. Für uns Menschen ist das so selbstverständlich, dass wir kaum jemals darüber nachdenken. Dabei kostet uns unser dauernd auf knapp 37 Grad Celsius aufgewärmter Körper ähnlich viel Wärmeenergie oder auch durchaus noch mehr, als das Heizen unserer Wohnungen pro Mensch verschlingt. Bekanntlich belaufen sich die Heizkosten bei uns in Mitteleuropa auf mehr als die Hälfte der jährlichen Energieausgaben. Im kalten Norden steigt der Anteil weiter an, im warmen Süden nimmt er ab. Unsere gesamte

Ausgabe an Energie hängt daher davon ab, in welchem Klimabereich wir leben. Den Bären geht es gerade so. Im warmen Süden braucht er viel weniger nachzuheizen, um seinen Körper auf normaler Betriebstemperatur zu halten, als im kalten Norden. Eine Möglichkeit, diese unvermeidbaren Heizkosten zu verringern, besteht in der Zunahme der Körpermasse. Denn je größer diese ist, desto besser hält sie warm, weil die Oberfläche des Körpers, über die hauptsächlich die Wärme nach außen verloren geht, weit weniger zunimmt als das Gewicht, wenn der Bär größer wird. Ein Bärenriese hat also eine im Verhältnis zu seinem Körpergewicht beträchtlich kleinere Oberfläche als ein kleiner Angehöriger seiner Art. Das gilt ganz allgemein bei den Säugetieren; auch beim Menschen. Wohlvertraut ist uns dieser Zusammenhang bei den Haushunden, von denen die kleinen und sehr schlank gezüchteten Formen bei Winterkälte so sehr frieren, dass sie, wenn man sie überhaupt nach draußen mitnehmen kann, ein Mäntelchen tragen müssen, während große, massige Bernhardiner eher in Gefahr geraten, sich zu überhitzen, wenn sie zu aktiv werden. In ihrem Namen klingt an, was sie tatsächlich auch mit »Bären-hart« verbindet: Masse, Stärke, Beständigkeit und zumeist ausgeprägte Gutmütigkeit. Sie können nicht wie ihre fernen Vorfahren, die Wölfe, schnell und lang anhaltend laufen. Genauso verhält es sich mit den Bären. Die Massigkeit nimmt ihnen Schnelligkeit und Ausdauer im Laufen weg, verhilft aber dazu, ungünstige Zeiten mithilfe der eigenen Vorräte im Körper zu überdauern. Die Masse ist das Mittel, Zeiten der Ungunst zu überbrücken. Diese kommen vor allem mit dem Winter, aber nicht nur mit diesem. Wo es Jahr für Jahr Winter gibt, begeben sich die Braunbären daher in eine Winterruhe, in der sie in eine Art Halbschlaf versinken und, wie schon im 1. Kapitel ausgeführt, die Körpertemperatur dabei um mehrere Grad Celsius absenken. Das spart

Energie. Dennoch erwachen sie im Frühjahr nicht selten so abgemagert, dass das Fell an ihnen wie eine viel zu groß geratene Kleidung schlottert. Abgemagert ist jedoch nicht der richtige Ausdruck, denn die Bären haben eigentlich abgespeckt. Ginge der Abbau von Körperreserven tatsächlich auch auf Kosten von Muskulatur, befänden sie sich in schlechtem Zustand und brauchten dringen Nahrung, die viel Eiweiß enthält. Je länger der Winter dauert und je tiefer die Temperaturen sinken, desto höher fallen in der Bilanz der Winterruhe die Energiekosten aus. Daher haben große Bären in kalten Gebieten und unter hoher, isolierender Schneedecke bessere Möglichkeiten durchzukommen als kleine und schwache. Wer aber nicht mit trockener Kälte und gut geschützt in Höhlen, die der Schnee überdeckt, den Winter verschlafen kann, sondern nasskalter Witterung ausgesetzt bleibt, muss sogar noch größer werden. Hieraus erklärt sich die schier übertriebene Größe der Anrainer des Nordpazifiks unter den Bären, deren Fell jedoch viel öfter nass wird als das der »Festlandbären« und daher weniger gut isolieren kann. Auch in dieser Hinsicht ergeht es den Bären nicht viel anders als uns Menschen. Nasse Kälte ist auch für uns viel unangenehmer als trockene und fett- oder ölhaltige Nahrung wirkt viel ergiebiger als Wärmelieferant als mageres Fleisch. In nasskalten Regionen betätigen sich die Bären daher ausgiebig als Fischer, die fetten Lachsen nachstellen. Ihre hochnordischen Verwandten, die Eisbären, brauchen zum Überleben in der arktischen Kälte auf dem Eis den Tran von Seehunden und anderen Robben. Mit stärkehaltigen Pflanzenwurzeln, die sie vielleicht an windumtosten Bergflanken ausgraben könnten, würden sie nicht überleben. Sogleich drängt sich der Vergleich mit den Eskimos (Inuit) auf, die als dem arktischen Klima angepasste Menschen ebenfalls außerordentlich öl- und fettreiche Nahrung benötigen, um ohne andauernd bren-

nende, wärmende Feuer, die in ihren Schneehäuschen, den
Iglus, gar nicht möglich wären, über den Winter kommen zu
können. Wir Menschen sind als Art zwar Mischköstler, aber
in der Zusammensetzung unserer Nahrung doch auch sehr
stark von den klimatischen Bedingungen abhängig. Wir müssen sie ertragen oder künstlich geeignete Umwelt herstellen
können. Wie die Bären auch. Aber diese haben nur die eine
Möglichkeit, ihren Lebensstil ganz unmittelbar den Umwelt-
bedingungen anzupassen.

So drückt das kontinentweite Vorkommen des Braunbären
aus, was für Möglichkeiten er als Art hat, aber auch welchen
Einschränkungen die Bären vor Ort unterworfen sind. Zweifellos können sie unter sehr verschiedenen klimatischen Bedingungen leben. Sicherlich sind sie sehr flexibel in der Wahl
ihrer Nahrung. Aber um eine Grundbedingung kommen sie
nicht herum: Ihre Nahrung muss so zusammengesetzt und so
ergiebig sein, dass sie unter den gegebenen Bedingungen
leben können. Das Schicksal der Braunbären in einer der
am dichtesten von Menschen besiedelten Regionen der Erde,
in West- und Mitteleuropa, wird sich daran entscheiden.
Betrachten wir daher die Verhältnisse in Europa ein wenig
genauer.

4. Verbreitung und Wiederausbreitung in Mitteleuropa

Das südlichste Vorkommen des Braunbären reichte in jüngerer historischer Zeit bis in die Berge des Atlas in Nordwestafrika, wo eine inzwischen ausgerottete Unterart lebte. Es war das Ende des südwestlichen Zweiges im europäischen Bärenareal. Davon gibt es heute noch kleine Reste mit weniger als 100 Bären in den Pyrenäen und den nordwestspanischen Gebirgen sowie mit vielleicht 80 bis 100 Bären in den italienischen Abruzzen. Einige wenige Bären leben im Gebiet des Brenta-Adamello-Gebietes unweit des Gardasees. Von dort war »Bruno« (alias JJ 1) hergekommen. Auch in den Karawanken streifen einzelne Bären (acht bis zehn nach Angaben des WWF Österreich) umher. Sie haben Verbindung zu den Vorkommen auf dem Balkan, die sich von Nordwestgriechenland und den östlichen Grenzgebirgen Albaniens durch Bosnien-Herzegowina und Kroatien nach Slowenien hinein erstrecken und etwa 3500 Bären umfassen. Teile davon leben auch in Bulgarien. Auf mehr als doppelt so viele Bären, nämlich über 8000, wird das Karpatenvorkommen geschätzt. Dieses erstreckt sich von Rumänien und Südpolen (Tatra) in die östliche Slowakei hinein und erreicht mit den äußersten Rändern Tschechien. Das österreichische Vorkommen von 15 bis 20 Braunbären, die in den Ostalpen der nördlichen Steiermark und dem Grenzgebiet zu Niederösterreich leben, würde somit, so es sich fortsetzen und ausbreiten könnte, die Verbindung mit den Karawanken im Süden und über die böhmischen Wälder im Norden den Bogen zu den Karpatenbären schließen. Diese Situation weist Mitteleuropa insgesamt als Randlage zum mittelost- und osteuropäischen Braunbärareal aus. Die Lage besagt auch, dass Braunbären keineswegs nur in den nahezu menschenleeren Weiten des Ostens und Nordens leben, sondern durchaus auch in bevölkerungsreichen Regionen Europas. In historischen Zeiten war das Areal der Bären natürlich noch viel größer. Es dehnte sich über nahezu ganz Europa bis auf die Britischen Inseln aus. Mit Bären hatten noch vor eineinhalb Jahrtausenden vielerorts die Germanen zu tun, während sie zur Zeit der Römer bereits im Circus vorgeführt oder wohl auch wie heute noch in manchen Gebieten Osteuropas üblich als »Tanzbären« herumgeführt worden waren. So bedeutet die gegenwärtige Situation, dass viele Millionen Menschen mehr oder weniger direkt oder zumindest im Nahbereich im selben Gebiet wie Braunbären leben. Somit ist das Bär-Mensch-Problem kein neuartiges Problem. Vielmehr geht es um Vertrautsein oder (wieder) Vertrautwerden mit den Bären. Wo es sie in Europa oder in Nordamerika noch gibt, sind die Menschen darauf eingestellt, draußen in Wald und Flur auf einen Bären treffen zu können. Mancherorts suchen Bären, wie auch Wölfe, des Nachts die Dörfer und Vorstädte auf, um nach Fressbarem zu suchen oder Abfall zu nutzen. Direkte Konflikte zwischen Bären und Menschen treten sehr selten auf. Es gibt allein in Deutschland pro Jahr ungleich mehr gefährliche Verletzungen oder tödlich endende Angriffe von Haushunden auf Menschen als Bärenattacken in ganz Europa und Nordamerika. Lediglich Jagdunfälle sind dabei auszugrenzen. Doch dass sich verfolgte und in die Enge getriebene Bären wehren, kann man ihnen wohl kaum zum Vorwurf machen. Deshalb geht man überall, wo Braunbären seit jeher vorkommen, seitens der Bevölkerung mit dem Bärenproblem ganz sachlich und vernünftig um.

5. Kann der Bär wiederkommen?

Braunbären haben ein gutes Image in der Öffentlichkeit. Dass dies an Äußerlichkeiten, wie der Fähigkeit, sich menschenähnlich aufzurichten, und an ihrem rundlichen Gesicht liegt, das unser angeborenes Kindchenschema anspricht, soll hier zunächst keine Rolle spielen. Denn die »Außenwirkung« des Bären kann erst dann näher in Betracht gezogen werden, wenn es darum geht, eine nicht mehr an Bären »gewöhnte« Bevölkerung auf die Rückkehr von »Meister Petz« oder »Balu« vorzubereiten. Davor liegt ein ganz anderer Problembereich, und dieser hat vornehmlich mit den Lebensmöglichkeiten des Bären in der sogenannten Kulturlandschaft zu tun. Nur wenn Bären im betreffenden Bereich tatsächlich so leben könnten, dass es keine allzu kritischen Konflikte mit den Menschen geben wird, kommt das Ausspielen von sympathischen Eigenschaften der Bären in Betracht. Lebende Bären sind keine Teddybären, aber auch keine Ungeheuer. Landstriche mit Bärenvorkommen sind nicht unzivilisiert oder rückständig; im Umgang mit solchen Großtieren sind die dortigen Menschen eher als fortschrittlich(er) zu bezeichnen. Das ging in aller Deutlichkeit aus dem Trauerspiel um »Bruno« in Bayern hervor.

Voraussetzungen für Bären

Fragen wir also schärfer: Welche Voraussetzungen müssen draußen in der Natur vorhanden sein, dass Braunbären einigermaßen leben können? »Leben« soll heißen, nicht bloß als Einzeltier überleben, sondern mit Artgenossen zusammen sich fortpflanzen und in einem Bestand erhalten zu können. Leben können Bären in Zoos und Wildparks mit entsprechenden Gehegen ganz gut. Fortpflanzen können sie sich darin auch, was sie mitunter nicht gerade zur Freude der Betreiber tun, denn in der Obhut der Bärenanlage haben die allermeisten Bärenkinder beste Aussichten, groß und »bärig« zu werden. Wohin mit ihnen dann? Das Problem muss also an anderer Stelle stecken. Die Leichtigkeit, mit der Bären im Gehege zur Fortpflanzung zu bringen sind, täuscht vor, dass dies draußen im Freien auch so wäre. Doch nur dort, wo es viele Bären auf engem Raum gibt, sind ähnliche Verhältnisse gegeben. Aber eine hohe Bärendichte bringt die Gefahr mit sich, dass fremde Bären die kleinen Jungen töten. Ein sich gut vermehrender Bärenbestand benötigt daher die sogenannte optimale Siedlungsdichte. Mit ihr ist gemeint, dass es im Gebiet, auf Hunderten von Quadratkilometern geeigneten Geländes, gerade so viele Bären gibt, dass sie einander, insbesondere wenn Bärenmütter kleine Junge führen, stets gut genug aus dem Weg gehen können, aber bei Bedarf, nämlich zur Paarung, sich auch leicht und zuverlässig genug treffen. Solche Verhältnisse gibt es in den weiten Wäldern des Nordens und Nordostens. Nahezu ausnahmslos sind die Gebirgswälder weniger gut geeignet, weil die Täler Engpässe ausbilden, welche die Wanderwege zusammenführen, oder Steilwände zu unüberwindlichen Barrieren geraten und lang gezogene, hohe Bergmassive wie Trennwände wirken. Hinter ihnen mag es andere Bären geben, aber das nützt nichts, wenn sie mit den diesseitigen nicht zusammenkommen können. Gebirge wirken daher immer irgendwie isolierend. Wir kennen das von den Menschen in den verschiedenen Tälern, die sich weit mehr in Lokaldialekten und Trachten voneinander unterscheiden als die weitflächig verbreitete Bevölkerung

draußen im Flachland. Was dort aber den Menschen gleichsam zugute kommt, weil sie nicht so sehr voneinander isoliert
leben (müssen), sondern fast beliebig einander aufsuchen und
Orte wechseln können, geriet nicht nur für Bären, sondern
auch für viele andere Tiere zu einem der ganz großen Probleme der modernen Zeit. Ihre Lebensräume sind durch die
Menschenwelt voneinander isoliert worden und durch Siedlungen, Verkehrslinien, insbesondere durch die nahezu perfekt abgesperrten Autobahnen so sehr aufgesplittert, dass es
für Bären und Hirsche, aber auch für Eidechsen oder Schlangen sicherlich längst leichter geworden ist, die relative Iso-
lation in Gebirgen zu überwinden als die »kulturbedingte«
im offenen Flachland. Aus diesen Gründen überlebten alle
mittel- und westeuropäischen Restvorkommen der Braunbären in Gebirgen und nicht im offenen Flachland. Eine Autobahn ohne besondere Wildtunnels oder -brücken wirkt für
größere Tiere wie eine Gefängnismauer, die so gut wie nie zu
überwinden ist. Die Gefahr, von einer Felswand abzustürzen,
darf mit Fug und Recht als weitaus geringer eingestuft werden als das Risiko, beim Versuch, eine Autobahn zu über-
queren, heil auf die andere Seite zu gelangen. Dies ist ein Teil
der Wirklichkeit. Die »guten« Bärenvorkommen im Flachland beginnen dort, wo die Besiedlung durch die Menschen
sehr dünn geworden ist und die vorhandenen Straßen nur
noch in großen Abständen von Fahrzeugen frequentiert werden. Da Bären, wie auch Elche, Rothirsche oder Wölfe, recht
gut schwimmen können, wirken Flüsse und Seen hingegen so
gut wie überhaupt nicht als Hindernisse. Vielmehr stellen sie
integrierte Teile ihres Lebensraumes dar. Dies ist, kurz zu-
sammengefasst, die strukturelle Seite des Problems.

Lebensraumstrukturen

Lebensräume haben Strukturen. Sie müssen bestimmte Strukturen aufweisen, damit die betreffenden Arten dort vorkommen können. Adler z. B. brauchen passende Unterlagen für ihre großen Nester, die Horste. Biber benötigen Ufer, an denen sie entweder unterirdische Baue anlegen oder im Flachwasser ausreichend große Burgen errichten können. Bären müssen zur Überwinterung Plätze finden, an denen sie ungestört und möglichst trocken ihre monatelange Winterruhe halten können. Das hinreichend freie Umherwandern und sichere Orte für Überwinterung und Unterbringung der kleinen Jungen durch die Bärin bilden stets die wichtigsten Anforderungen an die Struktur des Lebensraumes. Da es sich dabei um Gegebenheiten oder Eigenarten der betreffenden Landschaften handelt, können sie auch verhältnismäßig leicht und eindeutig genug ermittelt werden. Doch ob Bären (oder Wölfe, Luchse und so fort) wirklich dort auch leben können, hängt nicht nur von der Struktur ab, sondern auch, und das sogar in noch viel stärkerem Ausmaß, von der Nahrung. An ihr, an ihrer Verfügbarkeit, entscheidet sich zumeist, ob die betreffende Art eine wirkliche Existenzgrundlage findet. Wie muss oder sollte sie im Hinblick auf den Braunbären beschaffen sein? Die Hinweise auf Körpergröße, Energiehaushalt und Art der Nahrung in den verschiedenen Großregionen mit Braunbärvorkommen vermitteln dazu bereits eine gute Bezugsbasis. Sie muss nun näher ausgefüllt werden.

Bärennahrung, genauer betrachtet

Vorab ein paar allgemeine Bemerkungen zur Ernähung: Die verschiedenen Formen von Nahrung sind selbstverständlich nicht gleichwertig und auch nicht gleich ergiebig. So gelten zu Recht Rüben oder Schwarzwurzeln für die menschliche Ernährung nicht gerade als erstrebenswert, während Fleisch, das von feinen »Fettadern« durchsetzt ist, zur Spitzenklasse zählt. Zumindest drückt sich dies im Preis aus. Proteinreiches Getreide, wie Weizen, hat einen weit höheren Nährwert als die Samen der Wildformen unseres Getreides. Wer sich von solchen allein oder überwiegend ernähren möchte, muss schon eine gute Ausgangskondition mitbringen, um das einige Zeit durchzuhalten. Honig gilt uns als hochwertige Süße, nicht aber als Ersatz für die Grundnahrung. Diese setzt sich für uns Mischköstler aus Eiweiß, Fetten und Kohlenhydraten zusammen. Vitaminreiche Pflanzenkost muss sie ergänzen. Darin stehen wir Menschen aber keineswegs allein. Vielmehr trifft für sehr viele andere Lebewesen, insbesondere für Säugetiere, ein ganz ähnlicher Bedarf zu. Der Bär ist uns in dieser Hinsicht sogar recht ähnlich. Das geht unter anderem auch aus seiner Vorliebe für Süßes hervor. Betrachten wir also seinen Bedarf unvoreingenommen und ohne zu werten, ob wir (oder die von ihm Betroffenen) ihm dies zubilligen wollen, so ergibt sich, dass er Kohlenhydrate und Fette in ziemlicher Menge braucht, weil er groß ist, weil seine »Körperheizung« viel Energie verbraucht und weil er monatelang von diesem Brennstoff leben muss. Sein Gewicht und seine Fortbewegung auf flachen Füßen (»Pranken«, Bärentatzen) kosten weitere Energie, die über den bloßen Wärmebedarf im Körper hinausgeht. Fett wäre der beste Lieferant für Energie, aber Fett läuft meistens nicht einfach in der Gegend herum. Zucker dagegen hängt an den Bäumen, wenn süße Früchte reifen, oder steckt in den Beeren, die Bären sehr gern in großen Mengen verzehren. Aber es gibt sie im Wesentlichen nur im Sommer und Herbst, nicht im Frühjahr, wenn der Energiebedarf besonders groß ist. Zucker lässt sich im Körper in

Fett umwandeln und für den Bedarfsfall speichern. Auch hier wissen wir von uns selbst, dass ein Zuviel an Zucker »dick« macht. All diese Gegebenheiten zählen draußen aber erst im Sommer und Herbst, in der Zeit der Fülle, und nicht im Frühjahr, wenn allenthalben noch Mangel herrscht. Da kommen am ehesten stärkehaltige Wurzeln als Energielieferanten in Frage. Aber solche gibt es auch nicht in Hülle und Fülle in der Natur. Die Bären müssen viel herumsuchen und graben, um an für sie verwertbare, hinreichend schmackhafte und ergiebige Wurzeln zu kommen. Das von uns Menschen genutzte Wurzelgemüse und die zuckerhaltigen Rüben entwickeln sich zudem ganz ähnlich wie das Obst oder die Beeren erst zum Ende des Sommers. Der Herbst ist allgemein die Erntezeit, für Menschen wie für Bären. Da muss der Bär winterfett werden. Frisches Grün im Frühjahr, das nach Art der Salate gut genug schmeckt und nicht giftig ist, lässt sich zwar draußen vielfach finden, aber nicht in Massen. Es hat wenig Nährwert, auch wenn, oder gerade dann, wenn es reich an Vitaminen und Mineralstoffen ist. Im Frühjahr braucht die Bärin, so sie im Winterlager Junge bekommen hat, weniger das Gemüse als vor allem Proteine, also Fleisch. Denn sie muss in ihrem Körper genau die Mengen an Milch herstellen können, welche die so klein, nur meerschweinchengroß, geborenen Jungen zu raschem Heranwachsen und guter Entwicklung brauchen. Proteine kann kein Bär und kein Mensch aus Zucker oder Fett herstellen. Sie müssen in den benötigten Mengen in der Nahrung enthalten sein. Für so große Tiere wie die Bären eignen sich die winzigen Proteinportionen nicht sonderlich als Nahrung, die in den Insekten stecken, wenn diese im Frühjahr aktiv werden. Nur in den warmen Regionen gibt es Insekten in solchen Mengen und so dicht beieinander, dass selbst Bären davon leben können. So ernähren sich die tropisch-südasiatischen Lippenbären (*Melursus ursinus*) in beträchtlichem Umfang von Termiten. Sie reißen mit ihren starken, gekrümmten Krallen die steinharten Bauten dieser ameisenähnlichen, mit ihnen aber nicht näher verwandten Insekten auf und schlürfen die hervorquellenden Massen regelrecht mit der langen Zunge und der ausgeprägt röhrenförmigen Schnauze auf. Honig schätzt dieser tropische Verwandte der Braunbären ebenfalls und mitunter besteigt der Lippenbär Dattelpalmen, an denen die örtliche Bevölkerung Saft für Palmwein zapft, und trinkt davon so viel, dass er sich am schon enthaltenen Alkoholgehalt berauscht. Beim Braunbären wäre dies mit Honigwein (Met) sicherlich auch möglich. Vielleicht praktizierte man die Anlockung damit in vergangenen Zeiten, um eines starken Bären habhaft zu werden.

Frühjahrsnahrung in den Bergen

Zurück zum Eiweißbedarf und seiner Deckung. Tiere, wie Termiten, stehen in den nördlichen Wäldern nicht zur Verfügung. Auch Ameisenhaufen sind im Frühjahr noch zu klein oder nicht aktiv genug, um Puppen in größerer Zahl zu enthalten. Die Bären suchen nun intensiv nach Nestern bodenbrütender Vögel und nach verschiedenen Kleintieren. Sie graben Mäusenester aus, spüren nach hilflosen Jungtieren, wie Hasen, oder holen sich die Nachgeburten von Schafen, die gelämmert haben. Damit befinden sie sich aber bereits in einem Bereich, in dem es zu Konflikten mit den Menschen kommen kann. Denn von der Nachgeburt zum Neugeborenen liegen oft nur ein paar Schritte, wenn die Schafherde Junge gesetzt hat, und von der wünschenswerten Beseitigung von Kadavern, von denen Krankheiten ausgehen könnten, zur unerwünschten Tötung zwar schwacher, an sich aber gesunder Jungtiere führt noch weniger. Doch warum sollten sich die

Bären überhaupt an Haustiere halten? Es gibt doch Wild genug! Genau das ist nicht der Fall und so etwas anzunehmen war oft die Ursache für Missverständnisse oder falsche Beurteilungen. Denn es sah schlecht aus mit dem Wild in früheren Jahrhunderten, zumindest in Mitteleuropa. Die Wildererromantik zeugt davon. Wild war rar, sehr rar, in den vergangenen Jahrhunderten. Es gehörte zum Privileg des Adels und der hohen Geistlichkeit, Hirsche zu jagen. Auch Gämsen und Rehe waren weitgehend oder ganz tabu für das Volk. Wildfleisch gehörte jahrhundertelang zu den besonderen Kostbarkeiten. Davon sollte das gemeine Volk nichts haben – und Bären oder Wölfe schon gar nicht. Um die Zusammenhänge und die Veränderungen, die sich seit dem 17. Jahrhundert ergeben haben, besser verstehen zu können, ist ein kurzer Rückgriff auf die historischen Ereignisse angebracht.

Harte Zeiten

Mit dem Westfälischen Frieden ging 1648 der Dreißigjährige Krieg (endlich) zu Ende. Sein Wüten kostete in weiten Teilen Mitteleuropas ein Viertel bis mehr als die Hälfte der Bevölkerung das Leben. Zahlreiche Siedlungen wurden aufgegeben und zu sogenannten Wüstungen. Begünstigt durch das so kalt gewordene Klima dieser schweren Zeit, breiteten sich die Wälder wieder aus. Wölfe drangen von Osten her vor, erreichten Mitteleuropa und sogar Zentralfrankreich. Für die Bären brachen damit Jahrzehnte einer besseren Zeit an. Sie spiegeln sich in den oben angeführten Abschusszahlen. Dass in einem vergleichsweise recht kleinen Tiroler Gebiet in der zweiten Hälfte des 17. Jahrhunderts nahezu jedes Jahr ein Bär erlegt wurde, drückt diese »günstige Zeit« deutlich genug aus. Danach ging es schnell abwärts mit der Bärenjagd und folg-

57

lich auch mit den Bärenvorkommen. Die Bevölkerung war wieder angewachsen und dabei, die Verluste des Dreißigjährigen Krieges auszugleichen. Entsprechend musste die Intensität der Bewirtschaftung gesteigert werden. Aber das Klima war noch nicht wieder warm genug geworden, um den für die Grundversorgung der Bevölkerung ertragreicheren Ackerbau auf die früheren, vom Wald überwucherten Gebiete auszudehnen. Vieh- und Weidewirtschaft stellten insbesondere in den höher gelegenen, klimatisch raueren Regionen die Existenzgrundlage der Bevölkerung dar. Das Vieh musste zunehmend in die Wälder getrieben werden, weil die Getreideböden nicht davon in Anspruch genommen werden durften. Die Almwirtschaft nahm neuen Aufschwung. Im 18. Jahrhundert erreichte der Viehbestand der Berggebiete wahrscheinlich fast überall in Europa seinen Höchststand. Das Zehnfache und mehr, verglichen mit der heutigen Weidenutzung, lebte an Schafen und Kühen auf den Bergen und in den (Berg-)Wäldern. Dieses Vieh im Freien bildete die Hauptnahrungsgrundlage für die Bären und, wo sie die frühneuzeitliche Wiederkehr schafften, nachdem man sie im Hochmittelalter ausgerottet hatte, auch für die Wölfe.

Adler und Geier, Vieh und Wälder

Vom verendeten, nicht ganz oder überhaupt nicht mehr zu verwertenden Vieh lebten die Geier in den Bergen und weithin auch die Adler. Wo aber waren und blieben die Wildtiere, wie die Hirsche, die Gämsen und die Rehe? In Zeiten ohne Hege, allein auf sich gestellt in der rauen Natur der Bergwelt, gab es sie kaum noch. Denn das Vieh fraß ihnen das Futter in den Wäldern weg. Auf die Fluren durfte das Wild nicht, denn was dort wuchs, hatte die Bevölkerung zum eigenen Überle-

58

ben bitter nötig. Starkes Wild, wie die Hirsche, zog sich in die besonders schwer zugänglichen Bergregionen zurück. Rehe wurden oder blieben so selten, dass es sie kaum noch gab; statistisch gesehen ein Stück auf 1000 Hektar. Vergleicht man dies mit den heutigen 100 bis 200 pro 1000 Hektar, wird der Unterschied deutlich. Das Rotwild war fast ausgerottet worden, weil es nicht wie Reh und Gämsen stark vereinzelt überleben kann, sondern den Zusammenhalt des Rudels zumindest zu bestimmten Zeiten des Jahres braucht. Man kann es auch so ausdrücken: Wo wir heute Hirsch und Reh hingehörig empfinden, nämlich in den Wäldern und Gebirgen, lebte das Vieh. Es verbiss den Wald mehr als das Schalenwild in unserer Zeit und erst durch die nach und nach erzwungene Trennung von Wald und Weide konnten im 19. Jahrhundert die Wälder anfangen, wieder einigermaßen richtig aufzuwachsen. Erst jetzt erhielten die gepflanzten Forste ihre Chance. Die Forstwirtschaft nutzte sie mit Fichte und Kiefer, also mit Nadelbäumen, weil diese schneller als Eichen und andere Edelholzlaubbäume wachsen, winterkaltes Wetter besser vertragen und vom Wild nicht ganz so stark verbissen werden wie fast alle anderen Baumarten. Im Flachland waren einförmige, aus gleichen Altersgruppen (»Altersklassen«) der Bäume aufgebaute Forste die Folge dieser jahrhundertelangen Entwicklungen. Und als das Vieh weitgehend aus den Wäldern herausgenommen worden war, konnte das Wild anfangen, häufiger zu werden. Die in unserer Zeit so umstrittene Wilddichte rührt daher nicht allein von den Hegemaßnahmen der Jagd, die Reh und Hirsch auf ehedem unbekannt hohe Bestandsgrößen gebracht hat, sondern sie ist auch eine Folge der Einstellung der Waldweide. Wo Kühe, Schafe und Ziegen, vor allem Letztere, nicht mehr tätig sind, geht es naturgemäß Reh und Hirsch besser. Und wo Fleisch generell keine Mangelware und kein Luxusgut mehr ist, konnte sich das Augenmerk der Jagd vom Wildfleisch, dem Wildbret, auf die nicht essbaren Attribute, die Geweihe und ihren Trophäenwert, verlagern. So gut wie kein Jäger muss heute in Mitteleuropa noch jagen, um sich und seine Familie mit Fleisch zu versorgen. Dass er über die Jagd Besseres bekommt, als er im Supermarkt ohne Kenntnis von genauer Herkunft und Entstehungsverhältnissen erhalten würde, ist kein Widerspruch dazu, sondern eine neue Form von Luxus, den man sich in einer Überflussgesellschaft leisten kann. Denn das Jagen ist (sehr) teuer geworden. Heute stehen die Wildschäden oft mehr im Vordergrund als die Erträge der Jagd, von ihrem gesellschaftlichen und historischen Hintergrund ganz abgesehen.

Mangel und Überfluss für Bären

All das tritt in enge Beziehung zu Bären und anderen Raubtieren und ihren Aussichten, in der modernen Welt geduldet zu werden und überleben zu können. Die Bekämpfung des Großraubwildes war im 17. und 18. Jahrhundert sicherlich weithin eine Notwendigkeit. Das 19. Jahrhundert vollstreckte, was angebahnt worden war. Als in den letzten Jahrzehnten dieses Jahrhunderts und vollends im 20. Jahrhundert die Trennung von Wald und Weide vollzogen worden war, stellten sich andere Bedingungen als in den Zeiten davor ein. Die Ablehnung des Raubwildes jedoch blieb erhalten. Sie hatte sich in der Volksmeinung festgesetzt. Doch inzwischen gibt es andere Rahmenbedingungen. Die Landwirtschaft bekommt den Wildschaden ersetzt. Reichlichst sogar. Die durch Überproduktion gekennzeichneten Jahrzehnte der zweiten Hälfte des 20. Jahrhunderts machten den Überfluss zum Problem. Die Zeiten des Mangels sind, zumindest auf absehbare Zeit, vorüber. Wir leisten uns Zigtausende von Kilometern Zäune in den Wäldern, um das Wild vom Jungwuchs fernzuhalten – und bekommen gleichwohl nur höchst zögerlich Mischwälder als Gegenleistung der von der Öffentlichkeit und ihren Steuermitteln Begünstigten. Wild gibt es genug. Längst ist es so zahlreich und vielfach auch so problematisch geworden, dass die Freibriefe für den Abschuss angeblich wildernder Hunde nur Altlasten vergangener Zeiten sind. Dennoch bleibt die Privilegierung der Jagd in dieser und in vielerlei anderer Hinsicht bestehen, weil sich die Bevölkerung nicht massiv dagegen auflehnt. Sie verhält sich lieber so wie in den vergangenen Zeiten: obrigkeitshörig und duldsam.

Hundeabschuss

Es reicht, dass ein Hund frei in der Landschaft der Duftfährte einer läufigen Hündin folgt, um abgeschossen werden zu können. Für den Jäger bleibt das folgenlos, auch wenn keinerlei Nachweis des Wilderns seitens des Hundes gegeben ist. Bei Hunden, die Menschen gefährden oder töten können, weil es sich um gezielt gezüchtete, besonders aggressive Rassen handelt, muss es zum Unglück kommen, dass gehandelt wird. So unterschiedlich werden heute immer noch Menschen und Rehe oder Hirsche eingestuft. Als Wild wird ihnen umfassend vorsorglicher Schutz vor »den Räubern« zuteil, den Menschen nicht. Manches lässt sich eben schwer ausrotten oder wenigstens auf eine neue, vernünftigere Basis stellen, wenn es lange schon so praktiziert worden ist. Das mag verdeutlichen, worum es eigentlich geht, wenn »Raubtiere« wieder zugelassen werden sollten. Für manche Menschen ist das so, als ob »Räuber« plötzlich zu normalen Mitgliedern der

61

Gesellschaft erklärt werden sollten und ihr Unwesen frei, gar staatlich sanktioniert, treiben dürften. Wir nehmen (als Steuerzahler) lieber die Kosten zum Ausgleich der Wildschäden in den Staatswäldern hin, als Bär und Luchs oder gebietsweise den Wolf in ihrer Eigenschaft als natürliche Feinde des Wildes wieder wirksam werden zu lassen. Darin unterscheidet sich die Lage in Deutschland wahrscheinlich am stärksten von den Verhältnissen in anderen Ländern mit Bären- oder Wolfsvorkommen. Es liegt längst nicht mehr an der Verfügbarkeit von Nahrung oder an geeigneten Lebensraumstrukturen, ob diese Tiere vorkommen können oder nicht. Sondern nur daran, ob man sie (kommen) lässt. Der ökologische Befund ist absolut und unangreifbar klar. Braunbären könnten zumindest gebietsweise auch in deutschen Wäldern wieder leben. Sie werden sich in Österreich und Italien weiter ausbreiten, so man das zulässt. Und sie werden immer wieder einmal, vielleicht in bald zunehmender Häufigkeit, »über die Grenze« kommen, die zum Glück und als Zeichen des Fortschrittes im politischen Europa nicht mehr wirklich existiert. Kann so ein Befund Bärenfreunde zuversichtlich stimmen? Wird der Bär bei zu vielen anderen Menschen Befremden auslösen? Was wissen wir zur Wiederkehr von Großtieren, die in Europa ohnehin nur »mittlere Klassen« annehmen und nicht wie in Afrika oder Südasien durch ihre gewaltige Größe oder Gefährlichkeit Furcht einflößen?

II.
Große Raubtiere in der Kulturlandschaft

6. Wolf und Luchs

Wölfe (*Canis lupus*) gibt es viel weniger als Bären in Europa. Nur kleine Restbestände überlebten die jahrhundertelangen Verfolgungen in fast genau denselben Gebieten wie die Bären auf der Iberischen Halbinsel, auf dem Apennin, dem Balkan, in den Karpaten und vor allem in den weiten Wäldern des Nordostens. Wölfe sind der zoologischen Zuordnung nach Raubtiere wie Bären. Aber sie gehören zur ganz anderen Familie der Hundeartigen (*Canidae*), für die sie ähnlich typisch gelten wie für die Bärenfamilie (*Ursidae*) der Braunbär. In mancher Hinsicht stellen die Wölfe aber das genaue Gegenteil des langsamen, behäbigen, massigen Bären mit weitgehend einzelgängerischer Lebensweise und großem Ruhebedürfnis dar. Wölfe sind fast immer auf den Beinen, schnell im Spurt und ausdauernd im Langlauf. Nordische Wölfe halten den Dauerlauf erheblich länger durch als die besten Pferde. Bei Kälte können sie sogar mit Langstreckenläufern mithalten, ohne vorzeitig Ermüdungserscheinungen zu zeigen. Nur zu warm darf es ihnen dabei nicht werden, denn dann lässt sich die im Körper angestaute Wärme durch Hecheln mit heraushängender Zunge nicht mehr schnell genug abführen. Am ganzen Körper schwitzen, wie der Mensch, der sich damit im Langstreckenlauf perfekt kühlt, können sie nicht. Sie sind »Produkte« des kalten Klimas mit höherer Intensität des Stoffwechsels als der ursprünglich aus den Tropen stammende Mensch. Dennoch passen Mensch und Wolf so gut zusammen, dass sie die engste Verbindung zueinander eingegangen sind, die es unter verschiedenartigen Säugetieren gibt. Abkömmlinge des Wolfes

sind zum Hund gezüchtet worden und leben in ihm in viel-
millionenfacher Ausführung fort. Allein in Europa gibt es
mehr als 40 Millionen Hunde, also etwa einen auf je zehn
Menschen. Zu keiner Zeit in der gesamten Existenzge-
schichte des Stammvaters Wolf war er so zahlreich vertreten
wie in seinen zum Haustier gewordenen Abkömmlingen.
Wolfsblut fließt in ihnen, auch wenn sie alles andere als nach
Wolf aussehen. Sämtliche Hunderassen gehen auf ihn zurück. Am Anfang standen allerdings wohl eher südliche Formen des Wolfes, die in kleineren Familiengruppen mit sehr
enger Bindung aneinander gelebt hatten, und nicht die großen, starken und für viele Menschen so »wilden« Wölfe des
Nordens. Besonderen Zuchtformen dieser südlichen Wölfe
ist es zuzuschreiben, dass der Wolf als Art ausgerechnet dort,
wo er am besten leben könnte, am stärksten gefährdet ist
oder ausgerottet wurde. Es sind dies die Hirtenhunde. Man
hat sie gegen die Wölfe gezüchtet und ihnen durch züchteri-
sche Auslese genau die Stärken verliehen, die den wilden
Wolf zum Verlierer machen: ein Fell so dicht, dass Wolfs-
zähne es kaum durchdringen können; ein Fell so weiß wie
das der Schafe, dass der Wolf im Schafspelz von den früheren Artgenossen nicht mehr rechtzeitig erkannt wird, und
ein Gebiss so stark, dass es den stärksten Wildwolf in Le-
bensgefahr bringt. Hinzu kam die Folgsamkeit, durch die
Haushunde, speziell auch Hirtenhunde, auf Befehl töten und
damit die an sich angeborene Tötungshemmung von Artgenossen außer Kraft setzen. Gewiss war und ist der Mensch
insgesamt der größte Feind der Wölfe. Aber die Hunde rücken an Gefährlichkeit gleich an zweite Stelle. Denn sie können auch verheerende Krankheiten aus der Menschenwelt
hinaustragen in die Wolfswildnis, wie Staupe, Räude und
Tollwut. Umgekehrt wäre dies zwar auch möglich, aber das
Überleben in der Wildnis setzt Gesundheit voraus. Nir-

65

gendwo werden die Wölfe so häufig, dass sie sich leicht untereinander anstecken und ihre irgendwo aufgeschnappten Krankheiten rasch weiterverbreiten würden. Dazu leben sie zu dünn verteilt in riesigen, weithin so gut wie wolfsleeren Räumen. Ganz anders verhält sich der Hund, der sich auch dann zu lockeren Rudeln zusammenschließt, wo er streunend wieder auf sich selbst gestellt ist. Diese Hinweise nehmen einen wichtigen Befund vorweg: Für eine Rückkehr der Wölfe, so sie denn erwünscht sein sollte, bilden die Haushunde ein besonderes Hindernis. Somit verhält es sich mit den Wölfen von Anfang an schon ganz anders als bei den Bären, die in der Menschenwelt auf keine anderen Bären oder gar zum Haustier gewordene Abkömmlinge von ihnen selbst treffen können.

Wolfsnahrung

Wölfe brauchen noch mehr als die Bären Fleisch in der Nahrung. Ziemlich gutes Fleisch sogar, denn andauernde Laufleistungen bedürfen eines hohen Fettgehaltes. Mit magerem Fleisch allein könnten Wölfe nicht lange, schnell und weit laufen. Wurzeln taugen für sie nicht als Energielieferanten; mit Beeren können sie wenig anfangen, auch wenn sie Süßes durchaus mögen. Haushunde, denen zu viel Kohlenhydrate und Fett verfüttert werden, geraten schnell aus ihrer Form und verfetten, wenn sie diese Energieträger nicht entsprechend abarbeiten können. Wölfe und Hunde machen keine Winterruhe. Fett dürfen sie, um leistungsfähig zu bleiben, nur in bescheidenen Maßen ansetzen. Daher bedeutet im

Wie steht es um die Aussichten für die Wiederkehr des Wolfes in Mitteleuropa? Besser jedenfalls als vor 50 Jahren.

Gegensatz zum Bären der Winter für den Wolf die Hauptjagdzeit. Zum Rudel zusammengeschlossen hetzen die Wölfe dann auch Tiere, die erheblich größer als sie selbst sind und der Körpermasse nach eher für einen Riesenbären taugen würden. Doch diese schlagen höchstens einen sehr stark geschwächten Elch. Wölfe jagen ihn direkt und ohne dass es sich dabei um ein krankes Tier handeln muss. Das hängt mit ihrer Jagdweise zusammen. Ein Wolf setzt sich auf die Fährte der ausgewählten Beute und verfolgt diese direkt. Andere schwärmen leichtfüßig aus und schneiden damit die Kurven ab, die gejagte Tiere stets zu machen versuchen. Als neuer Verfolger ist dieser Wolf nun ein gutes Stück näher an die Beute herangekommen. Bei der nächsten Wendung wird es ein anderer sein; spätestens aber bei der übernächsten. Einmal umzingelt, kann sich selbst ein starker Hirsch oder Elch nur immer gezielt gegen einen Angreifer zur Wehr setzen. Die empfindlichen Weichen schützt dann ein großes Geweih, das mit spitzen Enden eine recht wirksame Abwehrwaffe gegen Wolfsangriffe darstellt. Denn es deckt von den Seiten her recht gut die Flanken ab, wo die Wolfsbisse an die weiche Haut herankommen könnten. Der Kampf bleibt daher auch für die Wölfe gefährlich. Mancher wird schwer verletzt und geht an den Wunden ein. Aber die große Beute lohnt den Einsatz im Winter, weil sie nicht nur eine Menge Frischfleisch darstellt, sondern auch solches, das Fett hat. Die fetten Wühlmäuse des Nordens, die Lemminge, stellen aus diesem Grund eine vor allem im Sommer bevorzugte Wolfsbeute dar. Im Winter schützt diese Nager der Schnee und die Wölfe müssen sich an größere Beute heranmachen. Fällt der Winter besonders hart aus oder dauert er außergewöhnlich lange, geht den Wölfen die Beute aus. Dann ziehen sie dem milderen Südwesten und Süden entgegen. Das geschah vornehmlich zwischen dem 16. und 18. Jahrhundert,

als die »Kleine Eiszeit« herrschte und serienweise besonders
strenge Winter brachte. Damals trieb es die Wölfe von Osten
her nach Westen, nach Deutschland und bis nach Frankreich.
An diese Zeit erinnern die Wolfsmärchen. Damals entstand
das bis heute tief sitzende Bild vom »bösen Wolf«. Denn
auch im weniger kalten Mitteleuropa gab es in diesen extre-
men Wintern, in denen alle Gewässer zugefroren waren,
auch die sehr großen, wie der Bodensee, für die Wölfe kaum
etwas zu erjagen. Sie streunten um die Dörfer, heulten in den
Nächten, dass den ohnehin schon frierenden Menschen ver-
ständlicherweise das Blut in den Adern zu gefrieren schien.
Auch Menschen machten sich das zunutze und traten als rau-
bende und mordende Werwölfe auf. Wo plötzlich echte
Wölfe die Menschen bedrohten, fiel es nicht schwer, an Werwölfe zu glauben.

Wolfsbilder

Damit wurde vor Jahrhunderten der Urzwist zwischen Hund
und Wolf, zwischen Mensch und Wildnis, wieder verschärft
und in das Bewusstsein der Bevölkerung aufgenommen. Das
Klischee ist so einfach wie wirkungsvoll: Der Hund ist gut,
weil gezähmt und des Menschen Freund, der Wolf ist böse,
weil er Mensch, Vieh und auch Haushunde töten kann. Die
komischsten Hundezüchtungen bedauern wir höchstens
oder sie werden belächelt, während aller mögliche Unbill, der
von ihnen ausgeht, hingenommen wird. Der nicht Hunde
haltenden Bevölkerung, statistisch also drei von vier Europäern, werden die Hunde des restlichen Viertels zugemutet.
Taucht aber irgendwo in den Grenzwäldern ein Wolf auf, be-
müht sich nicht einmal das hundefreundliche Viertel um ihn
und um sein Überleben. Denn nach wie vor wird nichts so

sehr gleich »wild« gesetzt wie der Wolf. Dem Hund beschei-
nigt man treue Hundeaugen, dem Wolf wird ein stechender,
gar mordender Blick nachgesagt, obgleich es kaum jemandem
wirklich vergönnt war, angstfrei ins Wolfsauge geschaut zu
haben. Eine Eigenschaft macht die Wölfe auch ganz besonders verdächtig, und das ist ihr unstetes Umherwandern.
Für ein Wolfsrudel stellt ein nächtlicher Lauf über 30 oder
40 Kilometer nichts weiter als eine »Laufstunde« und somit
auch nichts Besonderes dar. Damit entziehen sie sich aber
schneller als jedes andere Wildtier, die Vögel natürlich ausgenommen, dem Ort und den Menschen, die dort sind. Ein
Hund, der über so eine Entfernung läuft, tut dies zumeist
nur, um zu seiner (Menschen-)Familie zurückzukommen.
Was entsprechend gewürdigt wird. Läuft er kilometerweit
zur läufigen (!) Hündin, hat man Verständnis und freut sich,
wenn er heil wieder zurückkehrt und nicht erschossen
irgendwo auf der Flur liegt oder auf den Straßen unter die
Räder kam. So trennen Wolf und Hund Welten in der Art und
Weise, wie sie von der Öffentlichkeit angenommen oder ein-
geschätzt werden.

Was beim Bären als Argument von Befürwortern noch
vorgebracht werden könnte, ohne einen Aufschrei der Ent-
rüstung auszulösen, geht beim Wolf in aller Regel nicht mehr.
Er darf »uns« weder die Schafe reißen, noch die Rehe oder
Hirsche töten. Er »wird«, so die im Brustton der Überzeu-
gung, wie sie nur tiefe Unkenntnis der wirklichen Lebensweise der Wölfe hervorbringen kann, vorgetragene Aussage,
sicher auch Menschen angreifen und wahrscheinlich sogar töten. Was nützt es bei solchen Vorurteilen, darauf hinzuwei-
sen, dass Wölfe ungleich seltener auf Menschen losgegangen
sind als Haushunde. Todesfälle durch Wölfe, so es überhaupt
Wolfsangriffe in neueren, historisch verlässlicheren Zeiten
gegeben hat, sind kaum verbürgt. Bei Hunden jedoch kom-

70

men sie fast alljährlich vor; Todesfolgen mit eingeschlossen! Deshalb scheint sich eine Diskussion über den Wolf so gut wie zu erübrigen, weil in einem zivilisierten Land, das zu sein Deutschland doch für sich beansprucht, so ein gefährliches Raubtier einfach untragbar (geworden) ist.

Lebensmöglichkeiten für Wölfe

Betrachten wir trotzdem kurz auf ähnliche Weise wie beim Braunbären die möglichen Lebensgrundlagen. Wölfe brauchen große, geradezu riesige Streifgebiete, in denen das Rudel jagen kann. Solche gibt es in manchen östlichen Gegenden Mitteleuropas sehr wohl. Dorthin wandern auch immer wieder einzelne Wölfe oder kleine Rudel. Da sie eine Zeit lang überleben, mitunter sogar, weil man sie lässt, monate- oder jahrelang, sollte für sie dort eigentlich auch genug Nahrung vorhanden sein. Bei der hohen Wilddichte in Mitteleuropa ist dies sicherlich der Fall; auf jeden Fall! Denn nirgends sonst gibt es im riesigen Areal, das die Wölfe in Europa, Nordasien und Nordamerika bewohnen, so viel Schalenwild pro 100 Quadratkilometer wie bei uns in Mitteleuropa. Für die Wölfe wären dies fast Schlaraffenlandverhältnisse, verglichen mit dem, womit sie normalerweise zurechtkommen müssen. Dieses Schalenwild, die Millionen Rehe und Zigtausende von Hirschen und Wildschweinen »gehören« jedoch ausnahmslos jemandem, so wie in früheren Zeiten das Vieh im Wald Besitzer hatte. Unser Wild ist zudem nicht »unser«, sondern das von Jägern, die Reviere besitzen oder gepachtet haben. Wilderei ist nach deutschem Recht eine Straftat und nicht bloß ein Vergehen, also ein Verstoß gegen Verordnungen, wie vieles im Straßenverkehr, das andere Menschen ganz erheblich schädigen oder unter Umständen sogar töten kann. Wie

71

schon betont, nimmt das Wild in unserer Kultur immer noch im Prinzip den privilegierten Status ein, den es seit den feudalen Zeiten zugemessen bekommen hat. Deshalb erscheint eine Lösung des Wolf-Wild-Problems (vorerst) so gut wie undenkbar, wenngleich der Hund die Brücke bilden könnte. Der »wildernde Hund« müsste weitestgehend abgeschafft und seine gezielte Tötung auf die außerordentlich seltenen Fälle beschränkt werden, in denen Hunde tatsächlich jagen und dabei verwildern. Dann hätte der Wolf eine Chance. Denn wenn man daran gewöhnt ist, dass große Hunde immer wieder auch einmal draußen frei über die Fluren laufen und frei mitlaufen dürfen, würden die unvorhersehbaren, seltenen Begegnungen mit Wölfen den schockierenden Charakter verlieren. Wo es Wölfe gibt, gehen sie den Menschen ohnehin aus dem Weg. Zutrauliche Wölfe sind, weil vermutlich krank, gefährlich, es sei denn, sie sind aus einem Gehege entsprungen und mit den Menschen vertraut. Es kommt nicht von ungefähr, dass überall dort, wo in Europa Wölfe in Freiheit leben, auch Hunde mehr Freiheit genießen als bei uns. Eine ausgewogene Abmilderung der geltenden Bestimmungen zum Abschuss »wildernder« Hunde würde daher ein möglicher erster Schritt sein, zu einem besseren Verhältnis, auch zur Bevölkerung, zu kommen. Ob der Jagd, die es ohnehin kaum schafft, die Abschusspläne für das Schalenwild zu erfüllen, dabei allzu viel Wild entgehen würde, darf mit Fug und Recht bezweifelt werden. Die Wölfe in Brandenburg sind ein Schimmer der Hoffnung, dass »wir« die für selbstverständlich erachtete Pflicht zur Erhaltung des Stammvaters der Haushunde nicht wie bisher einfach auf »die anderen« in anderen Ländern abwälzen. Dazu hat die Europäische Union längst neue Maßstäbe gesetzt. Wer Rumänien, die Slowakei oder Spanien als vollwertige Mitglieder der europäischen Staaten- und Wertegemeinschaft betrachtet, muss auch die

Angleichung von Defiziten im eigenen Land als notwendig einsehen. Ein deutsches Reh ist nicht wertvoller als ein polnisches oder rumänisches, zumal es in Deutschland mehr Rehe als in jedem anderen Land der EU gibt.

Der Luchs

Der Bezug zum Reh leitet über zum anderen »großen Raubtier«, zum Luchs (*Lynx lynx*). Auch seine Verbreitung in Europa deckt sich weitgehend mit den Vorkommen von Bären und Wölfen. Das lässt auf ähnliche Lebensansprüche schließen oder eine entsprechende Zurückdrängung auf Randgebiete wie bei den beiden anderen Raubtierarten. Als Angehöriger der Familie der Katzen (*Felidae*) repräsentiert der Luchs die größte wild lebende Katzenart in Europa. Doch das ist erst seit rund zwei Jahrtausenden so, denn noch in historischer Zeit kam der Löwe (*Panthera leo*) auch in Griechenland und in den angrenzenden Bereichen Südosteuropas vor. Während der Eiszeit waren Löwen sogar in Deutschland weit verbreitet, häufig noch kräftiger als die afrikanischen Vertreter ihrer Art gebaut. Sehr viele Funde von sogenannten Höhlenlöwen aus der Eiszeit liegen vor. Der »bayerische Löwe« hörte allerdings schon vor gut 10 000 Jahren zu existieren auf. Verblieben sind der Luchs und die noch erheblich kleinere, nur gut hauskatzengroße Wildkatze (*Felis silvestris*). Auf sie wird im nächsten Kapitel eingegangen. Der Luchs oder Nordluchs, wie er auch genannt wird, um ihn von der zweiten europäischen Luchsart, vom iberischen Pardelluchs (*Lynx pardina*), zu unterscheiden, wird 80 bis 105 Zentimeter lang und erreicht ausgewachsen Gewichte von 14 bis knapp 40 Kilogramm. Die osteuropäischen Luchse der Karpaten, wo der größte Bestand außerhalb von Russland lebt, werden durchschnittlich etwa

25 Kilogramm schwer. Wie bei den Bären und Wölfen kommen die »stärksten« Luchse, also jene mit den größten Gewichten, in den winterkalten Weiten der Taiga vor, während die in wärmeren Gebieten lebenden deutlich kleiner und leichter bleiben. Beim Luchs ist der Unterschied zwischen Männchen und Weibchen nicht ganz so ausgeprägt wie bei Bär und Wolf. Die Kater, Kuder genannt, übertreffen die Weibchen nur um etwa 15 Prozent an Gewicht. Luchse wirken kurz gebaut, aber langbeinig. Ihr stummelartig verkürzter Schwanz scheint nicht so recht zu ihnen zu passen, zumal er bei Erregung ganz ähnlich wie bei den Katzen üblich bewegt wird. Vielleicht hängt dies damit zusammen, dass Luchse häufig von erhöhter Warte aus auf ihre Beute springen und ein sich bewegender, herabhängender Schwanz verräterisch wäre. Die Sprungkraft zeichnet die Luchse aus. Im Gegensatz zu den Wölfen sind sie keine guten Läufer. Ausdauer fehlt ihnen. Sie schleichen auf großen Pfoten, in denen die Krallen nach Katzenart in den Schutz der Krallenscheide zurückgezogen sind, nahezu lautlos durch den Wald, klettern sehr gut und geschickt, obgleich das bei ihrem doch recht großen, an kleine Wölfe heranreichenden Gewicht nicht leichtfällt. Anders als diese hetzen sie ihre Beute nicht, sondern lauern ihr auf, um sie im Überraschungssprung zu erfassen. Dazu nutzen sie vor allem die regelmäßig begangenen Wildwechsel. Mit guten Hunden können Luchse leicht aufgespürt und auf einen Baum gejagt werden, was ihnen dort zum Verhängnis geworden ist. Denn so konnten sie auch leicht abgeschossen werden. Die Wölfe entkamen den Nachstellungen viel öfter, weil sie in der Regel besser und ausdauernder als die Jagdhunde laufen. Folgten ihnen Hunde, fiel der Jagd meistens nur ein Rudelmitglied zum

Der Luchs kommt bereits wieder in mehreren großen Waldgebieten Mitteleuropas vor.

Opfer, und das war in der Regel das schwächste. Wolfsjagd war daher vornehmlich mit großen Treiberketten und in natürlichen oder künstlichen Engpässen erfolgreich, also sehr viel aufwendiger als die Luchsjagd.

Lebensweise der Luchse

Da die Luchse einzelgängerisch leben und feste Reviere besetzt halten, gelang ihre Ausrottung schneller und wirkungsvoller als die Verfolgung der Wölfe. Der Vergleich mit dem Wolf ist deswegen angebracht, weil sich Luchs und Wolf vielfach von ähnlicher Beute ernähren, nämlich von Rehen und Schafen, Lemmingen und anderen Wühlmäusen. Unterschiede ergeben sich bei den von Wölfen hauptsächlich im Winter gejagten Hirschen oder Elchen und in der Häufigkeit, mit der Fallwild oder Kadaver angenommen werden. Wölfe und Luchse können unter natürlichen Bedingungen durchaus koexistieren. Wo Wild mittlerer, zu ihrer eigenen Körpergröße passender Größe rar geworden ist und Schafe vorhanden sind, weichen beide auf diese »Ersatznahrung« aus. Das bringt sie in Konflikt mit den Menschen. Der Luchs kann leichter durchkommen, wenn der Bestand an Rehen hoch genug ist, weil diese zu seiner Lauertaktik besser passen als die in Herden herumgetriebenen, zumeist auch gut bewachten Schafe. Deshalb gelang die Wiedereinbürgerung von Luchsen in Mitteleuropa vergleichsweise gut, auch wenn es seitens der Jägerschaft wegen der befürchteten Verluste an Rehen lange Zeit sehr große Widerstände gegeben hat und vielfach noch immer gibt. Luchse leben seit Jahren wieder in den westlichen Wäldern von den Ardennen über die Eifel zum Pfälzer Wald, im Schweizer Jura, im Harz, im Böhmerwald und einigen weiteren, den Vorkommen in den Karpaten und auf dem Balkan näheren Gebieten. Ihre sehr zurückgezogene Lebensweise macht sie unauffällig. An keiner Stelle dezimierten sie, wie befürchtet, die Rehbestände. Und so erfüllte sich auch die Hoffnung von Waldbesitzern und Forstleuten nicht, die Wiedereinbürgerung des Luchses würde das Verbissproblem in den Wäldern lösen. Abgemildert kann es nur werden, wenn der Luchs häufig genug geworden ist. Doch so weit ist es in Mitteleuropa noch lange nicht. Interessanterweise erweckt der Luchs auch bei weitem keine so großen Ängste in der Bevölkerung wie die Wölfe, obwohl von interessierter Seite viel versucht worden ist, solche Ängste zu schüren. Die Art der Katzen taugt nicht zum Aufbau eines Feindbildes wie beim Wolf. Ähnlich wie beim Bären geht es beim Luchs um die tatsächlichen oder vermeintlichen Verluste an Haustieren und an Wild, also um wirtschaftliche Schäden. Solche können ersetzt und ausgeglichen werden. Wenn Luchse gelegentlich einmal auch Schafe erbeuten, ist dies heutzutage kein wirkliches Problem. Immerhin gibt es rund eine Million davon allein in Deutschland und die Schafhaltung wird mit öffentlichen Mitteln subventioniert. Der Schaden, den Rehe in den Wäldern mit ihrem Verbiss von Jungwuchs verursachen, und die Kosten für die Wildzäune gehen jährlich in Größenordnungen von vielen Millionen. Luchse würden also eigentlich schadens- und kostenmindernd wirken. Jäger und Schafhalter sehen das anders, auch wenn Letzteren der wirtschaftliche Verlust direkt ersetzt wird. Diese Problematik ist zwar beim Luchs noch nicht umfassend gelöst, aber dafür fällt die Seite der Natur für ihn umso günstiger aus. Der außerordentlich hohe Bestand an Rehen, den es seit Jahrzehnten in Mitteleuropa gibt, würde Luchsen in allen größeren Wäldern gute, ohne direkte jagdliche Verfolgung sogar beste Lebensbedingungen bieten. Denn so viele Rehe wie bei uns gibt es für Luchse nirgendwo.

7. Die kleinere Verwandtschaft: Fuchs und Wildkatze

Fuchs, du hast die Gans gestohlen, gib sie wieder her, sonst wird dich der Jäger holen mit dem Schießgewehr«, so beginnt ein Kinderlied, das allmählich in Vergessenheit gerät. Wie im Märchen von Rotkäppchen und dem bösen Wolf geht es um Vorgänge, die früher Bedeutung hatten. Da Füchse auch heutzutage wohl gelegentlich einmal ein Huhn vom Hühnerhof oder eine Gans klauen, die allzu freien Auslauf an ein Gewässerufer bekommen hat, erscheint so ein Hinweis banal. Doch im Kinderlied ging es sicher nicht nur um einen netten Reim, der sich auch in Bilderbüchlein schön illustrieren lässt. Vielmehr drückt das Lied aus, was in früheren Zeiten den Menschen wichtig war. Dass der Fuchs Gänse »stiehlt«, wurde damit schon den kleinen Kindern beigebracht, lange bevor sie überhaupt einen Fuchs zu Gesicht bekommen hatten. Wahrscheinlich sahen sie nie einen lebendigen, denn die Füchse wurden mit allen Mitteln und schonungslos verfolgt. Das »Schießgewehr« war nur eines von verschiedenen Mitteln der Fuchsbekämpfung. Viel häufiger und wirkungsvoller war der Fallenfang mit Kastenfallen, Tellereisen und anderen Instrumentarien, die aus mittelalterlichen Folterkammern hätten stammen können. Auch Giftköder wurden ausgelegt, Schlingen gestellt und die Baue mit den Jungfüchsen ausgegraben, wofür eine eigene Hunderasse gezüchtet worden war. Sie begleitet heute eher gemütliche Personen in den Biergarten oder auf Spaziergängen im Park und wird nicht selten schützend auf den Arm genommen, wenn ein »richtiger Hund« des Weges kommt. Der Dackel oder Dachshund verdankt seine Karriere der in-

Wo wird er überleben, der kleine Fuchs? Am besten in der Stadt.

tensiven Verfolgung der Füchse, in deren Baue er mit seinen kurzen Beinen hinein kann. Der »Fuchsbau« stammt häufig vom Dachs, der viel besser und tiefer gräbt als der Fuchs. Um sein Fett war es den Leuten noch früher gegangen; daher die Bezeichnung Dachshund, die zu Dackel verballhornt wurde.

Der Dachs wurde während der intensiven Bekämpfung der Füchse zur Eindämmung der Tollwut fast ausgerottet.

Dachse und Dackel

Dachse verfolgte man nicht so sehr wegen eventueller Schäden am Hausgeflügel oder gar am Wild. Auch in den alten Zeiten wusste man, dass sich der Dachs vornehmlich von Regenwürmern, Schnecken und anderem Kleingetier sowie von Beeren und herabgefallenem Obst ernährt. Mit dieser Nahrung baut er sein Winterfett auf und zehrt während seiner Winterruhe davon. Darin gleicht er dem Bären. Um dieses Dachsfett ging es der Landbevölkerung, die nicht wie die Gebirgler an das noch höher geschätzte Murmeltierfett kommen konnte. Der Dachshund erwies sich als der ideale und höchst wirkungsvolle Mitkämpfer gegen den Fuchs. Denn mit seiner Hilfe trafen die Jäger den Fuchs in seiner empfindlichsten Phase, nämlich in der Fortpflanzung. Die Dackel lokalisierten die Jungfüchse in der Tiefe der Baue. Sie

Dachse und Füchse würden ihn gar nicht niedlich finden. Der kleine Dackel (Dachs vom Brennberg) kann sie bis in ihren Bau verfolgen.

konnten nun ausgegraben und erschlagen werden. War die Mutter, die Fähe, mit im Bau, trieb sie der Hund heraus und in das aufgespannte Netz. Viele Füchse wurden während der Fortpflanzungszeit auch in Fallen gefangen oder erschossen.

Eine derart heftige, unnachsichtige Verfolgung können wir uns gegenwärtig kaum noch vorstellen, denn längst gilt auch für den Fuchs, was so gut wie alle Wildtiere zugebilligt bekommen haben: Während der Fortpflanzung dürfen sie nicht verfolgt werden. Sie haben »Schonzeit«. Nur in wenigen Ausnahmefällen werden frei lebende Tierarten ganzjährig und ohne Rücksichtnahme auf ihre Fortpflanzungszeit bejagt. Die Begründung dafür liefert das Ziel, und das ist ihre Ausrottung.»Fremde«, vordringende Arten wie der ostasiatische Marderhund (*Nytereutes procyonides*) durften oder dürfen noch immer so bekämpft werden. Beim Fuchs war die Ausrottung jahrhundertelang das Ziel. Nicht einmal sein zeitweise recht geschätztes Fell brachte ihm Schonung ein. Es wäre zu Beginn des Winters am besten zum Fuchspelz zu verarbeiten gewesen. Aber offenbar schätzte man die Schäden, die Füchse im Sommer verursachten, höher ein als den Preis des Fells im Dezember oder Januar, wo gegenwärtig die Fuchsjagd am häufigsten durchgeführt wird.

»Fuchsjagd«

Zu diesem Befund passt die ansonsten kaum verständliche Inszenierung der »Fuchsjagd« mit großer Hundemeute und zu Pferde. Für die Beteiligten stellt es ein nach Meinung der ganz überwältigenden Mehrheit der Bevölkerung höchst zweifelhaftes Vergnügen dar, das sich nur die betreffenden Kreise nicht nehmen lassen möchten. Als Ziel der »Jagd« ist ein einzelner Fuchs jedoch eine geradezu lächerliche Beute; aus heutiger Sicht zumindest. Es muss also Gründe gegeben haben, solche Jagden zu inszenieren. Wie sonst hätten sie zum festen Bestandteil gesellschaftlicher Ereignisse werden können. Die mittelalterliche Hirschjagd in großen Gattern dürfte auf jeden Fall ungleich mehr Schauwert gehabt haben als das Hinterherhetzen hinter einem Fuchs über Stock und Stein mit Hundemeute und Reiterschar. Das überkommene Ritual verweist auf die frühere Bedeutung. Diese entspricht der gnadenlosen Verfolgung der Füchse durch die Jahrhunderte. Sie endete erst in unserer Zeit mit der teilweisen Begnadigung während der Fortpflanzungszeit und Jungenaufzucht. Mit dem Schüren von Ängsten vor der Tollwut und neuerdings vor dem Kleinen Fuchsbandwurm lebt aber die alte Verfolgungswut weiter. Nach dem Zweiten Weltkrieg begasten die Jäger jahrzehntelang die Fuchsbaue, um den möglichen Überträger Fuchs auf ein so dünnes Bestands-

Weit weniger gefährlich als das Einfahren in Fuchsbaue ist für den kleinen, mutigen Dackel das Herbeibringen von Jagdbeute.

niveau zu drücken, dass sich die Tollwut nicht weiter ausbreiten können sollte. Dass das aller Wahrscheinlichkeit gar nichts gebracht hat, wird tunlichst verschwiegen. In den letzten beiden Jahrzehnten bannte nun die »Schluckimpfung« für Füchse die Tollwutgefahr für die Bevölkerung weitestgehend. Aus nicht so recht nachvollziehbaren Gründen droht plötzlich der Fuchsbandwurm. Da dieser, wie die Tollwut, vor Stadtgrenzen nicht haltmacht, geht es den Füchsen erneut an den Kragen. Nicht einmal im Burgfrieden der Städte, die ansonsten für so gut wie alle bejagten und verfolgten Wildtiere paradiesische Inseln sind, werden sie Ruhe finden. Freiheit haben sie vorerst nur in den Städten jener großen Insel, auf der die »Fuchsjagden« inszeniert werden und wo unter dem Druck der Öffentlichkeit vielleicht doch bald mit

dieser fragwürdigen Tradition gebrochen wird. Dort können sie, dank fehlender Tollwut, vielerorts am helllichten Tag herumlaufen, sich wie Katzen auf Terrassen in Vorgärten in der Sonne zusammenrollen und von netten Menschen füttern lassen. In London, Bristol und anderen britischen Städten zeigen die Füchse ihr wirkliches, ganz natürliches Verhalten, das nicht durch die intensiven Verfolgungen zu einem

Fuchs tagsüber auf der Pirsch nach Mäusen: bald ein vertrauter Anblick.

Nachtleben verformt worden ist. Die Füchse, denen die berittene Fuchsjagd galt, zahlten gleichsam den Preis für das Wohlergehen ihrer Artgenossen in den britischen Städten. Ob sich dieser Zustand halten lassen wird? Der Fuchsbandwurm droht!

Füchse und Geflügel

Zurück zur Gans im Kinderlied. Die Zeiten waren schlecht im 17. und 18. Jahrhundert. Wildtiere gab es kaum noch außerhalb der großen hochherrschaftlichen Jagdgebiete. Nicht nur die Jäger jagten intensiv, sondern die Bevölkerung wilderte auch, wo immer das ging. Ausklänge davon schildert der Heidedichter Hermann Löns. Hühner, Enten und Gänse stellten einen besonderen Wert für die Landleute dar, weil sich das Geflügel selbstständig ernährte und nicht gefüttert werden musste. Essensreste und Abfälle erhielt das Schwein. Dem Hausgeflügel stand der Hühnerhof oder der Dorfteich zur Verfügung, wohin die »Gänseliesel« die Enten und Gänse trieb. Der Verlust einer (guten) Leghenne, und das waren sie alle, die verlustig gingen, stellte in den früheren Jahrhunderten einen wirklichen Schaden dar. Noch bedeutsamer war eine geräuberte Gans, weil sie bei den Städtern auf dem herbstlichen Markt (Martinigans, Weihnachtsgans) einen guten Preis erzielt hätte. Kein Wunder, dass die Bevölkerung selbst sehr dafür war, dass die Füchse verfolgt und »kurzgehalten« wurden, wie es die Jägersprache ausdrückt. Außer Mäuse durften die Füchse eigentlich nichts jagen. Denn griffen sie sich Wildgeflügel, wie Rebhühner oder Birkwild, war das aus der Sicht der Jagd mindestens genauso unverzeihlich wie der Mord an Huhn und Gans. Außer schädlichen Nagern und Regenwürmern wäre ihnen eigentlich nichts gegönnt worden, aber Letztere sollten eher die Dachse bekommen, damit sie fett werden konnten. Die Lage verschärfte sich für den Fuchs noch weiter, als sie sich eigentlich schon hätte entspannen können. Denn gegen Ende des 19. Jahrhunderts wurden die asiatischen Fasane (*Phasianus colchicus*) eingebürgert. Zuerst hielt man sie eingeschlossen in Fasanerien, aber schließlich sollten sie frei leben und sich vermehren können, um gutes,

essbares Jagdwild abzugeben. Denn mit den heimischen Rebhühnern ging es damals schon bergab und bereits um die Mitte
des 19. Jahrhunderts beklagte man den Rückgang der Hasen.
Die nahezu völlige Vernichtung von Raubwild und Raubzeug
nützte dem Niederwild offenbar wenig. Mit dem »Zeug« waren (und sind in der Jägersprache) die Krähen, Elstern und
Häher gemeint. Ihnen wurde so mancher Junghäschenmord
und die meisten der »ausgeräuberten« Gelege von Hühnern
und Enten angelastet. Dass damals schon die Praktiken der
Landnutzung in Verbindung mit Serien miserabler Sommer
und sehr kalter Winter auf die Niederwildbestände gewirkt
haben könnten, kam niemandem in den Sinn, denn was das
Schlechtwetter anrichtet, bekommt man nicht zu sehen. Das
ist heute nicht besser geworden. Wo Krähen, Elstern oder
Füchse Gelege vernichten, hat man die direkt Schuldigen.
Ohne zu fragen, ob die auf deren Konto gehenden Verluste
für die Entwicklung und Produktivität der Niederwildbestände wirklich eine Rolle spielen, wird das Urteil gefällt. Was
die Jagd damals »Kurzhalten« nannte und viele Jäger mit
diesem Ausdruck auch heute noch meinen, bedeutete nichts
anderes als eine möglichst umfassende Ausrottung von Raubwild und Raubzeug. Am Ende des 19. Jahrhunderts sollte sie
vor allem dem Fasan zugutekommen, der sich anscheinend in
seiner neuen Umwelt »zu dumm« verhielt, um den hier vorhandenen Feinden zu entgehen.

Wildverluste durch Landnutzung

Dass Rehkitze von Mähwerkzeugen verstümmelt und zer-
stückelt werden, wird zwar sehr bedauert, aber nicht zum
Anlass genommen, die Rehe für zu dumm zu halten. Noch
immer mangelt es an entsprechend wirkungsvollen Wildret-

tern an den Landmaschinen. Die Hersteller halten das Problem offenbar für so nachrangig, dass an seiner Lösung nicht hinreichend intensiv gearbeitet wird. Wo es heute um die Gelege seltener, vom regionalen Aussterben bedrohter Arten geht, wie zum Beispiel von Brachvögeln (*Numenius arquata*) und Uferschnepfen (*Limosa limosa*) auf feuchte Wiesen im Binnenland, erhalten die Landwirte Ausgleichszahlungen im Rahmen des sogenannten Wiesenbrüterprogramms für aufgeschobene Mahdtermine, um die Nester oder die kleinen Jungen nicht per Kreiselmäher zu zerfetzen. Im 19. und auch noch in der ersten Hälfte des 20. Jahrhunderts dachte niemand daran, auf solche Verlustursachen Rücksicht zu nehmen. Landwirtschaft war wirtschaftliche Notwendigkeit und kein Luxus. Feldarbeit konnte man nicht je nach Belieben (zeitlich) hin und her schieben. Das probate Mittel war und blieb daher die Vernichtung der natürlichen Feinde. Aber auch der »unnatürlichen«, die direkt aus der Menschenwelt kamen. Für den Hund und sein streunendes »Wildern« ist dies bereits ausgeführt worden. Der zweite Schuldige wurde mit der Hauskatze dingfest gemacht. Ihr, die weit weniger als der Hund an den Menschen gebunden ist und ein freieres Leben führt, muss, obgleich eigentlich unschuldig, die Vernichtung ihrer wildlebenden Kusine, der Wildkatze, angelastet werden.

Haus- und Wildkatzen

Mit der Hauskatze verhält es sich ganz ähnlich wie mit dem Haushund. Nur wissen wir bei der Katze recht genau, woher sie stammt. Und wie es beim Hund nicht der nordische Wolf der weiten Wälder und kalten Winter war, aus dem die domestizierten Formen gezüchtet wurden, sondern aller

Wahrscheinlichkeit nach südliche Vorkommen in Vorder- und Zentralasien, so gehen unsere Hauskatzen auf eine südliche, richtig afrikanische Wildkatzenform zurück. Falbkatze wird sie ihres hellfarbenen (im alten Sprachgebrauch »falben«) Fells wegen genannt. Wissenschaftlich heißt die Unterart *Felis silvestris lybica*. Es waren wahrscheinlich die alten Ägypter, die Abkömmlinge dieser am Rand der Wüste lebenden Katzen vor etwa 5000 Jahren gehalten, gezüchtet und zum Haustier gemacht hatten. Sie verehrten die Katze als Göttin Bastet, weil sie in ihren Kornspeichern am Nil die Mäuse kurzhielt. Einer solch hohen Reputation konnten sich die Katzen nie wieder erfreuen. Vielmehr gerieten sie im Spätmittelalter und in den beiden ersten Jahrhunderten der sogenannten Neuzeit in Verruf, mit Hexen gemeinsame Sache zu machen, zumal wenn Kater oder Katze schwarz waren. Als Mäusejägerin blieb sie zwar auf den Bauernhöfen geschätzt, aber da sie sich selbst zu versorgen hatte, hielt man es zumeist nicht für wichtig genug, der Katze intensivere Fürsorge zuteilwerden zu lassen. Futter gab es nur ausnahmsweise; höchstens verschüttete Milch, die man bekanntlich nicht mehr aufnehmen konnte. Dass sich Katzen gern mit einsamen alten Menschen, insbesondere mit Frauen zusammentun, ist hinlänglich bekannt. Denn sie lieben als Abkömmlinge afrikanischer Vorfahren behagliche Wärme und Ruhe. Wo hart und lang gearbeitet werden musste, blieb wenig Zeit zum Katzenstreicheln. Viele Hauskatzen mussten sich daher draußen auf dem Land selbst versorgen. Das war nicht schwierig in Jahren mit sogenannten Mäusezyklen, in denen es nur so wimmelte vor verhassten Nagern. Aber Mäusejahre traten nur alle drei oder vier Sommer auf. Dazwischen herrschte Mangel. In guten Jahren stieg die Häufigkeit, insbesondere der Feldmäuse, auf das Hundertfache schlechter Mäusejahre. Was blieb den Katzen anderes übrig, als sich bei Mäusemangel nach Ersatzbeute umzusehen, wenn sie in Haus und Hof kein Futter erhielten. Dass dies manchmal auch ein Junghase oder ein Fasanenküken war, das nicht so recht fliegen konnte, ist selbstverständlich, wenn die Katzen hinauszogen, um weitab von Haus und Hof an einem Mauseloch zu warten, das nach Beute roch. Für die Jäger reicht seither die bloße Entfernung der Katze von Gebäuden aus, um sie als »wildernd« einzustufen und abschießen zu können. Hunderttausende Katzen kommen auch gegenwärtig so ums Leben, vor dem Mauseloch wartend oder auf dem Weg nach Hause. Sicherlich schossen die Jäger Katzen auch aus der Frustration heraus, wieder nicht zum Schuss auf Wild gekommen zu sein. Da aber die Bauern Katzen zur Mäusebekämpfung brauchen, auch wenn man sich überhaupt nicht um sie kümmert, wird für genügend Nachwuchs gesorgt. Katzenweibchen sind beliebt, weil sie als bessere Mäusejäger gelten als die fauleren Kater. Der Katzenbestand nimmt durch die Bejagung deswegen nicht nur nicht ab, sondern bleibt produktiv auf hohem Niveau. Daran wird sich so gut wie nichts ändern, solange die Jäger die Katzen schon 200 Meter vom nächsten (bewohnten) Haus entfernt abschießen dürfen. Wo regelmäßig und langfristig die dem Straßenverkehr zum Opfer gefallenen Katzen gezählt werden, kommt dieser Zusammenhang klar zum Ausdruck. Über die Jahre und Jahrzehnte hinweg bleibt ein Grundbestand in unveränderter Höhe. Lediglich in guten Mäusejahren werden mehr Katzen außerhalb von Dörfern und Städten totgefahren. Die Zahl der von Autos überfahrenen Katzen pro Kilometer und Jahr liegt in Wäldern, verglichen mit Dörfern, sehr niedrig.

Die scheue Wildkatze erfreut sich weitaus geringerer Sympathie als die verschmuste Hauskatze.

Hauskatzen kommen also kaum in den Lebensbereich der Wildkatze. Dass sich ihre Vorkommen in Europa weitgehend mit denen von Bär, Wolf und vor allem mit dem Luchs decken, ist nach den vorausgegangenen Darlegungen wohl nicht mehr verwunderlich. Auch lässt sich geradezu erwarten, dass das Verhältnis von Hauskatzen zu Wildkatzen im Großen und Ganzen der Lage zwischen Haushund und Wolf entspricht. Die Kleinheit kommt den Katzen zugute. Denn Flächen, auf denen nur ein einzelnes Wolfsrudel leben könnte, bieten zehn- bis zwanzigmal so vielen Wildkatzen Raum und Nahrung. Da Wildkatzen überwiegend von Mäusen und Kleinvögeln leben, erklärt sich der Häufigkeitsunterschied, auch zum Luchs, ganz von selbst. Auf dem Gebiet, das ein Reh zum Leben braucht, kommen eben Tausende von Mäusen vor. Die Lage dürfte daher für die Wildkatze gar nicht so schlecht sein wie sie ist. Doch sie ist weithin gezielt ausgerottet worden. Vor allem Fallen wurden ihr früher zum Verhängnis, mit denen Mardern, der Pelze wegen, nachgestellt worden war. Wildfarbene Hauskatzen hatte man zudem nicht von echten Wildkatzen unterschieden. War der Schuss in dieser Hinsicht ein Fehlschuss, bedeutete dies nichts, bis die Wildkatze unter Schutz gestellt wurde. Von Anfang an war die Wildkatze nur etwa ein Zehntel so häufig wie die Hauskatze. Somit reichte auch ein geringer Anteil aller Schüsse auf streunende Hauskatzen aus, um sie zu vernichten. Die gänzlich unnötige Bekämpfung der draußen auf der Flur Mäuse fangenden Hauskatzen wurde ihr so zur größten Gefahr. Nur die in den Wäldern besonders zurückgezogen lebenden Wildkatzen hatten Chancen zu überleben, bis die Fallenjagd vermindert oder weitgehend eingestellt worden war. Es dauerte bis in das letzte Viertel des 20. Jahrhunderts, bis sich die Wildkatzenvorkommen in Mitteleuropa, von denen mehrere erst wieder durch künstliche Ansiedlungen begründet werden mussten, durch eigenen Nachwuchs erhalten und nach und nach ausbreiten konnten. Die Hauskatze geriet der Wildkatze somit in ähnlicher Weise zum Schicksal wie der Haushund dem Wolf. Eines der Argumente, die seitens der Jagd als Begründung für den Katzenabschuss vorgebracht worden waren, betraf die mögliche Vermischung von Wild- und Hauskatzen. Solche Mischlinge gab es immer schon und es gibt sie auch immer wieder. Aber spielen sie wirklich die Rolle, die befürchtet wird, nämlich das Erbgut der Wildkatze zu verfälschen? Seit Hauskatzen in Europa leben, also seit sicherlich mehr als tausend Jahren, hat es Möglichkeiten zur Vermischung gegeben. Wären Kreuzungen zwischen den wilden und den domestizierten Katzen häufig genug vorgekommen, gäbe es längst keine »Reinrassigen« mehr, was immer damit gemeint sein mag. Die europäische Wildkatze ist von der Natur, von Wetter, Wald und Beute, geformt worden. Beständig war und ist sie der natürlichen Auslese, der Selektion, ausgesetzt. Die Zuchtwahl der Menschen geht bei der aus Nordafrika stammenden Hauskatze nach ganz anderen Gesichtspunkten vor. Bevorzugt werden die »braven«, lieben und schönen Kätzchen und nicht die starken und wilden, auch wenn wildfarbene Hauskatzen durchaus als schön empfunden werden. Aber der schwarze Kater mit den weißen Pfoten und dem weißen »Stern« an der Kehle oder die ganz weißen, die fuchsroten, die gestromten und die schwarz-weißen Katzen werden schließlich doch klar bevorzugt. In den Wäldern schleichen aber keine roten oder schwarz-weißen Wildkatzen umher; auch nicht in den Wäldern Rumäniens oder des Balkans, wo es keine gezielte jagdliche Selektion auf rasserein Wildkatzen gibt. Die Notwendigkeit, Jahr für Jahr Hunderttausende von Hauskatzen abzuschießen, nur damit die Wildkatzen rasserein bleiben, darf somit stark in Zweifel gezogen werden. Manche Jäger geben auch zu, dass sie Katzen gern schießen, andere halten es so, weil man es immer so gehalten hat, und wieder andere erblicken darin kein wirkliches Problem. Wer sich dem Wildkatzenschutz aber in besonderer Weise verschrieben hat, gerät leicht in eine ähnliche Haltung, wie man sie den Katzengegnern vorwirft. Alles, was die Wildkatze unmittelbar beeinträchtigen könnte, ist schlecht und muss »bekämpft« werden.

Andere Raubtiere

Was Wunder, dass es anderen kleineren Raubtieren, die keine direkten oder indirekten Fürsprecher in der Menschenwelt hatten, noch schlechter als den Katzen erging. Das größte von ihnen, der Fischotter (*Lutra lutra*), wurde als Fischräuber weithin ausgerottet. Er schaffte als Letzter unter den Vertretern der Marderverwandtschaft in jüngster Vergangenheit ein Comeback. Noch unvollständig zwar im Hinblick auf seine früheren Vorkommen, aber immerhin. Es geht »aufwärts« mit den Fischottern. Dem Nerz (*Mustela lutreola*) gelang das bis heute nicht. Gut erholt haben sich dank nachlassender Verfolgung mit Fallen und Gifteiern die beiden Marderarten, der Haus- oder Steinmarder (*Martes foina*) und der Baum- oder Edelmarder (*Martes martes*). Noch weit entfernt von früherer Häufigkeit ist der Iltis (*Putorius putorius*), aber vielerorts ist er wieder im Kommen. Dem Großen Wiesel oder Hermelin (*Mustela erminea*) mangelt es zunehmend an Feldmäusen und es wird (wieder) seltener, während das Kleine

Auch der früher heftig verfolgte Fischotter ist an manchen Gewässern wieder »im Kommen«.

Weil es auf den Fluren vielerorts kaum noch Feldmäuse gibt, ist auch das Mauswiesel selten geworden.

Wiesel oder Mauswiesel (*Mustela nivalis*) inzwischen weithin als gefährdet zu gelten hat und in den »Roten Listen der gefährdeten Arten« gelandet ist. Als hochgradiger Mäusespezialist leidet es unter dem starken Rückgang der Feldmausbestände.

Die Geschichte der Verfolgung mittelgroßer und kleiner Raubtiere schließt somit nahtlos an die Vernichtung der großen an. Die Haltung, die hinter der Raubwildbekämpfung

stand, ist für alle Arten grundsätzlich die gleiche. Bei den kleinen, allgemein weniger geschätzten Arten zeigt sich die Ablehnung lediglich offener und ohne zusätzliche Begründung, das Wohl der Bevölkerung betreffend. Im Raubwild ist die feindliche Natur versammelt, die gegen die Kultur des Menschen gerichtet ist. Raubwild ist schädlich, Friedwild nützlich. Wer glaubt, diese Haltung sei heute überwunden, der irrt gewaltig. Dennoch gab es Fortschritte. Vor allem bei großen Vögeln.

8. Adler und andere Greifvögel

Zur Häufigkeit von Adlern und anderen Greifvögeln liegen für das 19. Jahrhundert nur wenige Angaben vor, die sich direkt mit den heutigen Verhältnissen vergleichen lassen. Die Adler-Romantik, die eher zum Image der Wildschützen als zu *Brehms Tierleben* in den frühen Ausgaben gehört, verrät, worum es den Bergburschen ging, wenn sie ihrer Angebeteten imponieren wollten: um den Adlerflaum oder das Edelweiß. Beides war nur unter gefährlichster Kletterei auf höchsten Höhen und an steilsten Wänden zu erlangen. Diese Mutprobe war ungleich gefährlicher als ein Bungee-Sprung, weil kein Gummiseil den Abstürzenden auffing, und Ausdruck dafür, dass beides schon extrem selten geworden war, das »schönste Blümlein auf der Alm« und der wilde Adler der Berge. Von Geiern war gar nicht mehr die Rede, denn die gab es nur noch als örtliche Besucher in den Hohen Tauern, aber längst nicht mehr als Brutvögel, zu deren Horsten man hätte aufsteigen können. Steinadler (*Aquila chrysaetos*, dem wissenschaftlichen Namen zufolge also eigentlich, wie in Nordamerika, Goldadler zu nennen) kamen immer noch vor; sehr rar, aber immerhin. Denn die Qualität der Flinten war im 19. Jahrhundert wie in den Zeiten davor noch so schlecht, dass Fernschüsse nicht allzu wirkungsvoll ausfallen konnten. Und einen fliegenden Adler mit der Kugel erschießen zu wollen, eignete sich wegen garantierter Blamage nicht zur Selbstdarstellung des Schützen. Gegen die Adler ging man lieber

In den Alpen ist der Steinadler mit etwa 500 Brutpaaren zwar »über dem Berg«, aber dennoch gefährdet. Wird die Adlernahrung zu knapp?

mit Gift vor. Gerechtfertigt wurde dies mit den dramatisch ausgeschmückten, auf reißerischen Kupferstichen und gemalten Schützenscheiben dargestellten Szenen von Adlern, die gerade dabei waren, ein Wickelkind auf der Alm oder gar den Sennerbub zu rauben. Adler mussten das können, denn wie wären sie sonst in die Wappen so vieler Herrschergeschlechter und Staaten geraten. Dass sie das nicht können, weil sie die Kräfte dazu nicht haben, spielt immer dann keine Rolle, wenn die Geschichte selbst zu gut ist, um auch noch wahr sein zu müssen. Also wurden die Adler verfolgt, wo und wie es ging. Bis zur fast völligen Ausrottung. Dass der furchtlose Jüngling Adlerhorste erstieg, um den begehrten Adlerflaum zu erlangen, der mindestens so viel zählte wie das Eichenlaub im Siegeskranz, das als Laub zu pflücken natürlich eine Kleinigkeit im Vergleich zum waghalsigen Klettern an der Steilwand war, versteht sich von selbst. Es trug zum erhöhten Selbstbewusstsein der Adlerkönige bei, auch wenn sie gar keine Horste mehr finden konnten, weil es sie nicht mehr gab. Höchst selten dürfte der »Adlerflaum« auf den Trachtenhüten einer genaueren Nachprüfung standhalten. Er wird sich als manch anderes erweisen, nur nicht als Adlerfedern. Zu Beginn des 20. Jahrhunderts war der Steinadler in den nördlichen und zentralen Teilen der Alpen also nahezu ausgerottet. In Alpengebieten, in denen die Bevölkerung weniger auf eine solche Art von Burschenschmuck ausgerichtet war, ging es ihm auch nicht viel besser, weil es an Adlernahrung mangelte. Was für die Adler am wichtigsten war, wurde nämlich nach und nach von den Hochweiden abgezogen, kam aus der Mode der Viehhaltung oder unterlag noch zu starkem Druck der Jagd. Gemeint sind die Schafe und die Gämsen oder,

Ein mit drei Metern Flügelspannweite nahe vorbeisausender Bartgeier beeindruckt oder erschreckt.

besser, das, was Lawinen und Steilhänge den Adlern davon servierten. Der Rückgang der Schafhaltung traf die Geier am härtesten, denn sie können, anders als die Adler, selbst gar nichts erjagen. Sie sind auf Aas und Fallwild angewiesen. Der merkwürdigste von ihnen, der mit seinen bis zu drei Metern spannende, wahrlich riesige Bartgeier, der »Lämmergeier« in früherer Wortwahl, *Gypaetus barbatus* (also auch wissenschaftlich: Bartträger), verschwand als Erster. Denn seine Ernährung ist auf die Knochen großer Säugetiere eingerichtet. Einzelne davon, die zu groß sind, um am Stück verschlungen und in den Magen hinabgewürgt zu werden, erfasst er, trägt sie mit in die Höhe und wirft sie über Felsen ab, sodass sie zerspringen. Vom darin enthaltenen Knochenmark lebt dieser Geier. Das mag dürftig wirken, ist es aber ganz und gar nicht, denn in der Zusammensetzung entspricht das Mark großer Knochen dem Muskelfleisch bester Qualität. Zudem ist es noch »gewürzt« mit genau den Mineralstoffen, die diese Vögel zum Wachsen, Gedeihen und die Geierweibchen zum Eierlegen brauchen. Wer die Zeiten noch erlebt hat, in denen Knochenmarksuppe ein wichtiger Bestandteil der häuslichen Ernährung gewesen ist, weiß um die Qualität der Markknochen. Das Problem besteht, wie auch bei manchen sehr gut verpackten Nüssen, weniger in der Attraktivität des Inhalts als in dessen Erreichbarkeit. Es mag ja vorgekommen sein, dass ausnahmsweise ein am Felsgrat mit rauschenden Schwingen vorbeisausender Bartgeier ein Lämmchen in Panik versetzte und zum Absturz gebracht hat. Lämmergeier ist deshalb noch lange keine gerechtfertigte Bezeichnung für den »Knochenbrecher«, wie er viel besser und neutraler im Spanischen heißt. Auf der Iberischen Halbinsel konnte der Bartgeier bis in die Gegenwart überleben. Seine Zukunft wird weniger von illegalen Abschüssen als von der Rentabilität der Schafhaltung abhängen.

Was jagt der Steinadler?

Zurück zum Steinadler. Anders als die langflügeligen Bartgeier kann er selbst Beute machen. An erster Stelle stehen für ihn die Murmeltiere (*Marmota marmota*), an zweiter zumeist die Schneehasen (*Lepus timidus*). Alles andere, was große Adler ihrer Kraft gemäß überwältigen könnten, spielt mengenmäßig eine geringe Rolle. Denn fußkranke Rehe gibt es im Hochgebirge zu selten, kleine Gämsen werden von ihren Müttern gut bewacht und mit spitzen Hörnern verteidigt, die einen Adler damit schon aus der Luft reißen können. Mäuse, auch die größten, die es in Mitteleuropa gibt, die Schneemäuse (*Microtus nivalis*), sind zu klein und zu gut gedeckt vom Krummholz, um als Adlernahrung nennenswert in Frage zu kommen. Die Seltenheit von Auer- und Birkhennen macht sie als Jagdbeute eigentlich nur per Zufall attraktiv und andere Vögel einer Gewichtsklasse, die für Steinadler passend wäre, gibt es kaum irgendwo. Untersuchungen der letzten Jahrzehnte haben gezeigt, was auf den ersten Blick nicht zu erwarten war, auf den zweiten aber logisch ist: Schneereiche Winter mit vielen Lawinen sind für die Adler gut, schneearme, milde oder trockenkalte aber schlecht, weil es dann kaum Fallwild gibt. Das Fleisch davon brauchen vor allem die Adlerweibchen, um in gute Kondition zum Brüten zu kommen. Ihre Brutzeit beginnt bereits im Spätwinter.

Schlechte Aussichten also für den Steinadler? Durchaus nicht. Im Gegenteil: Die Entwicklung der Adlerbestände in der zweiten Hälfte des 20. Jahrhunderts, nachdem sie nach und nach im gesamten Alpenraum unter Schutz gestellt worden waren, ergab ein geradezu phänomenales Comeback. Seit den 1980er-Jahren sind die Alpen so dicht mit Brutrevieren von Steinadlern überzogen, dass praktisch keines mehr dazwischen hineinpasst. Allein am bayerischen Alpenrand brüten Jahr für Jahr 45 bis 50 Paare. Das ist zwar der Zahl nach nicht viel, aber genug, um den möglichen Lebensraum für Adler vollauf auszunutzen. Kleinere Reviere und damit mehr Adler wären nur möglich, wenn das nutzbare Nahrungsangebot noch beträchtlich ansteigen würde. Von Frankreich im Westen bis Ostösterreich und bis zu den nördlichen Gebirgen des Balkans verhält es sich so. Der Steinadler hat sein Gebiet wieder zurückerobert. Ein knappes halbes Jahrhundert brauchte er dafür. Der Hauptteil der Bestandszunahme lief in den 1970er- und 1980er-Jahren ab. Die günstige Konstellation, die dies ermöglichte, muss allerdings weitestgehend auf die Alpen selbst beschränkt geblieben sein, denn sonst hätten sich die Adler, wie schon in früheren Zeiten und wie im nordosteuropäischen Flachland an der östlichen Ostsee, nach und nach ins Vorland ausgebreitet. Doch vorerst blieb es bei sporadischen Versuchen dieser Art, etwa im Hochschwarzwald. Da der Adlerschutz formal genauso außerhalb der Berge Gültigkeit hat und illegale Abschüsse unbedeutend geworden sind, liegt es also nicht an der Bejagung außerhalb der Alpen. Giftköder werden ebenfalls kaum noch ausgelegt; die Bevölkerung ist vielerorts dafür zu wachsam geworden. Wenig wahrscheinlich ist auch, dass für Steinadler keine Brutplätze außerhalb der Berge vorhanden wären, weil sie im nordosteuropäischen Tiefland durchaus auch auf hohen Bäumen horsten. Allmählich hätten sie dies wieder »lernen« können, wenn es sich gelohnt hätte, neue Brutgebiete zu erschließen. Die ziemlich gleichmäßige Besiedlung des Alpenraumes weist auf etwas anderes hin, nämlich auf eine entsprechend gleichmäßig verteilt vorhandene Nahrung. Zwei Kandidaten kommen dafür in Frage und beide sind schon angeführt worden. Der erste ist das ausgangs des Winters so wichtige Fallwild. Einen hohen Anteil stellt darin die Gämse (*Rupicapra rupicapra*), weil sie allgemein verbreitet in den Hochlagen der Alpen vorkommt. Tatsächlich sind die Gämsen viel häufiger als früher geworden. Am schmalen bayerischen Alpenrand ergab die Bestandszunahme in den beiden entscheidenden Jahrzehnten seit 1969 eine Verdopplung in den Abschusszahlen. Im späten 19. Jahrhundert waren Gämsen weit stärker auf den Schießscheiben der Gebirgsschützen als in der Natur der Berge vertreten. Genauere Zahlen fehlen, aber es darf von mindestens einer Verzehnfachung des Bestandes im 20. Jahrhundert ausgegangen werden. Wahrscheinlicher ist ein heute zwanzigmal höherer Gamswildbestand als vor 100 Jahren. Das wirkt sich natürlich bei den Lawinenopfern und in den Mengen von Fallwild durch Abstürze aus.

Murmeltiere

Eine wahrscheinlich noch stärkere Zunahme fand aber bei der wichtigsten Beute des Sommerhalbjahres für die Adler, den Murmeltieren, statt. Wie häufig oder, besser, wie selten die Mankeis (die »Männchen«, wie sie im deutschsprachigen Raum der Alpen genannt werden; die Römer nannten sie »Alpenmäuse«, *Mures alpium,* und davon stammt der deutsche Name Murmeltiere) früher gewesen sind, darüber kann man nur spekulieren. Der hohe Wert des Murmeltierfetts drückt jedoch nicht gerade ein reichliches Vorkommen aus. Sicher ist, dass den Murmeltieren zwei Umstände sehr zugutekamen. Zunächst verringerte sich der Jagddruck, dem sie ausgesetzt waren und der sie extrem scheu gemacht hatte. Dann bescherte ihnen der Rückgang der Schafhaltung ungenutzte Bergweiden. Heute wachsen die Bergwiesen für die Murmeltiere üppiger aus denn je. Sie werden weitaus weniger stark beweidet als früher. Die frische Bergluft trägt zudem aus dem Tiefland so viel Dünger heran, dass die Alpenmatten bestens wachsen. Verursacher sind unser Autoverkehr und die hohen Schornsteine von Großfeuerungsanlagen mit sehr wirkungsvoller Verbrennung. Ähnlich wie in Kraftfahrzeugmotoren, die mit hohen Drehzahlen gefahren werden, verbrennt in den modernen Heizkraftwerken Luftstickstoff mit. Die dabei entstehenden, sogenannten Stickoxide lösen sich im Wasser des Niederschlags und düngen die Flächen, auf denen sie von Regen, Schnee und Wind eingetragen werden. Der Mineraldünger, den die Landwirtschaft verwendet, wirkt ganz ähnlich. Das Wachstum der Pflanzen wird davon stark gefördert, und zwar umso mehr, je mehr Niederschlag es gibt. Die Murmeltiere erhalten damit eine regelrechte Düngung ihrer hochgelegenen, »ungedüngten« Wiesen. Abnehmende Scheu (vor dem Menschen) und gutes Futter stellen die günstigste Kombination für eine Bestandszunahme dar. Je häufiger die Murmeltiere sind, desto besser können aber auch die Adler leben. Und werden sie nicht mehr abgeschossen, wachsen die Bestände an. Genau dies geschah in den 1970er- und 1980er-Jahren. Seither gibt es kaum noch, höchstens örtlich in den südöstlichen Gebirgen, Zunahmen in den Steinadlervorkommen. In Jahren mit ungünstiger Witterung fallen Bruten aus. Schutz vor Verfolgung und Verbesserung der Lebensbedingungen bildeten ohne jeden Zweifel das Erfolgsrezept.

Murmeltiere sind die wichtigste Beute des Steinadlers in den Alpen während des Sommerhalbjahres.

Winterfütterung und Hege

Die Jagd praktiziert eine derartige Hege schon seit dem 19. Jahrhundert bei jenen Arten, an denen sie besonders interessiert ist. Sie kam vor allem Hirsch und Reh zugute. Die winterliche Nahrungsversorgung an den Wildfütterungen vermindert die Wintersterblichkeit des nun hungernden Schalenwildes. Salzlecken und Kraftfutter binden es frühzeitig an die dafür vorgesehenen Stellen im Revier. Dem »edlen Wild« werden nicht selten sogar vorbeugend Medikamente verabreicht, um es in bester Kondition zu halten. Die starke Ortsbindung soll verhindern, dass ausgerechnet die besten Stücke womöglich zur jagdlichen Konkurrenz ins Nachbarrevier abwandern. Umfassende Schonung geht so der Zeit der Nutzung voraus. Säugetiere, die von Pflanzen leben, vertragen meistens durchaus eine jagdliche Nutzung. Sie darf so weit gehen, dass der Bestand nach der Bejagung fast bis auf die Hälfte der vorhandenen Umweltkapazität abgesenkt ist. Das garantiert beste Wiedererholung. Mit »Umweltkapazität« ist die Menge des Wildes der betreffenden Arten gemeint, also von Hirschen oder Rehen, die sich auf der ihm zur Verfügung stehenden Fläche ernähren kann, ohne ihre Ernährungsbasis zu beeinträchtigen. In hochproduktiven Gebieten können das zum Beispiel Dutzende Rehe auf den Quadratkilometer sein oder mehrere Hirsche je 100 Hektar Wald. Weniger produktive Flächen vertragen entsprechend weniger. So verhielt es sich früher, bevor das Land stark gedüngt wurde und als der Wald noch voller Weidevieh war. Da blieb für Reh und Hirsch kaum etwas übrig.

Es hatte sich also beim Steinadler in den Bergen nichts Geheimnisvolles abgespielt. Die Zunahme wurde möglich, weil die Adler nicht mehr (oder nur ausnahmsweise) bejagt werden und weil es für sie genug Beute gibt. Die Wiederkehr anderer Greifvögel, die nun ein viel besseres Leben in unserer Kulturlandschaft führen können, bestätigt dies auch außerhalb der Bergwelt. Dafür gibt es zahlreiche Beispiele.

Greifvögel in München

Einen besonders eindrucksvollen Fall bietet München mit dem in seiner Geschichte bestens bekannten Nymphenburger Park. Gegen Ende des 19. Jahrhunderts befand sich der umfriedete, mit seiner Fortsetzung zum Stadtrand rund 300 Hektar große Park des Nymphenburger Schlosses noch im Außenbereich. Inzwischen hat ihn die Stadt in sich aufgenommen. Das bebaute Gebiet endet nun mehr als eineinhalb Kilometer weiter im Westen. Der Park selbst ist eine Insel; eine grüne Insel in der Millionenstadt. Welche Antwort kann man auf die Frage erwarten, wie es vor gut 100 Jahren dort mit den Greifvögeln im Vergleich zu heute aussah. In einer Zeit, in der man daran gewöhnt (worden) ist, dass alles schlechter wird, zumal in der Natur, sollte man meinen, früher hätte es viel mehr Greifvögel gegeben. Falscher könnte man aber gar nicht liegen. Damals gab es nämlich nahezu überhaupt keine Greifvögel im Nymphenburger Park und seiner Umgebung. Wenn doch einer, wie etwa der als Mäusejäger und Aasverwerter an den Straßenrändern geschätzte, für das mittlere Europa einmalige Rotmilan, die »Königsweihe« früherer Jahrhunderte (*Milvus milvus*), es wagte, am Schlosspark vorbeizukommen, fiel er sogleich dem »Schützen« in der »Aufhütte« zum Opfer. Davon berichtet der kenntnisreiche Lehrer und Vogelkundler Josef Hellerer aus dem Jahre 1890. Mit »Aufhütte« ist eine Anlage gemeint, vor der ein Uhu angebunden sitzen muss. Dieser zieht die Aufmerksamkeit von Krähen und Greifvögeln wie

Bussarden, Habichten und eben auch von Milanen auf sich. Der in einer gedeckten, flachen Hütte sitzende Jäger kann diese, auf den Uhu »hassenden« Vögel bequem abschießen. Bis in die Zeit nach dem Zweiten Weltkrieg änderte sich nicht allzu viel, auch wenn einzelne Arten, wie der kleine Turmfalke (*Falco tinnunculus*) in der zerbombten Stadt nun häufig geworden waren. Habichte, Sperber oder andere Arten von Greifvögeln, die nicht bloß kurz einmal die Stadt auf dem Zug ins Winterquartier überfliegen und dabei vom Fernglas eines Ornithologen erfasst werden, kamen auch zur Zeit der intensivsten Vogelbeobachtung im Nymphenburger Park durch Walter Wüst, den langjährigen Vorsitzenden der Ornithologischen Gesellschaft in Bayern, praktisch nicht vor. Professor Wüst sah in den 46 Jahren von 1926 an nur 13 Sperber und ein einziges Mal einen Habicht. Als in den 1970er-Jahren die Vollschonung aller Greifvögel gesetzlich verfügt worden war, änderten sich die Verhältnisse sehr rasch. Inzwischen gibt es Greifvögel der verschiedensten Arten in ihrer natürlichen, also ihrer Lebensgrundlage entsprechenden Häufigkeit. Sperber kommen fast hundertmal häufiger als vor 100 Jahren vor, ohne die Singvögel, ihre Hauptbeute, zu beeinträchtigen. Insgesamt stieg die Greifvogelhäufigkeit auf das mindestens Zwanzigfache. Unterstützt durch Ansiedlungsmaßnahmen an geeigneten Plätzen, brüten heute sogar wieder Wanderfalken (*Falco peregrinus*) in München, die seltenen Baumfalken (*Falco subbuteo*) lassen sich regelmäßig sehen. Ihre nächsten Brutplätze sind schon unmittelbar am Stadtrand zu finden. Und irgendwann werden vielleicht sogar auch wieder Seeadler die Isar auf und ab fliegen und sich nicht um die Großstadt kümmern, wenn sie von den Stauseen

Wanderfalken brüten nicht mehr nur an einsamen Felswänden, sondern auch in Städten wie in München.

110

nördlich von München zu den großen Seen im Süden hin und her wechseln. Dass solche Vorstellungen keine Utopie sind, war in den letzten Jahren (und wird hoffentlich auch wieder) in Berlin zu erleben, wo der Seeadler (*Haliaaetus albicilla*), der Wappenvogel Deutschlands, sogar innerhalb des Stadtgebietes gebrütet hatte. Vorerst ruht in Bayern die Hoffnung auf der ersten erfolgreichen Seeadlerbrut im Jahre 2006 am Altmühlsee in Mittelfranken. Die Rückkehr des größten europäischen Adlers bahnt sich somit auch für den Süden an, nachdem uns die Wiedervereinigung die großartigen Seeadler- und Fischadlervorkommen in Mecklenburg-Vorpommern und Brandenburg zum Geschenk gemacht hat. Gegenwärtig gehört damit nämlich Deutschland zu den besten Brutgebieten von See- und Fischadlern weltweit. Geschützt durch ein anderes Jagdsystem während der besonders kritischen Nachkriegszeit, als Umweltgifte die Eier der Adler und anderer Vögel schwer geschädigt hatten, erholten sich diese Großvögel östlich des Eisernen Vorhangs rasch auf lebenskräftige Bestände. Von dort breiten sie sich aus. Der alte Westen ist inzwischen erreicht. Was wird sie dort erwarten, wo man die Adler bis weit in das 20. Jahrhundert hinein schonungslos abknallte und als Fischereischädlinge verfolgte? Noch in den 1920er- und 1930er-Jahren hatte es im seenreichen Südbayern Fischadlerbruten gegeben. Junge Seeadler waren südlich von München abgeschossen worden. Bis in die 1960er-Jahre hinein erging es ihnen vielfach so wie am Unteren Inn, als ein in Schweden beringter Fischadler (*Pandion haliaetus*) den Schroten zum Opfer fiel, weil ihn der Jäger angeblich mit einem damals noch vogelfreien Sperber verwechselt hatte. So stand das 1963 in der *Passauer Neuen Presse*.

Der Uhu, unsere größte Eule, kommt in Mitteleuropa wieder in mehr als 2000 Brutpaaren vor.

Der Fehlabschuss hatte für den Schützen anscheinend keine Folgen. Solche Beispiele sollen nun keineswegs ein völlig unzeitgemäßes (bayerisches) Nachtarocken bedeuten. Es geht um anderes: Großvögel, wie die Stein-, die See- und die Fischadler, fügen nach Möglichkeit Revier an Revier an, wenn ihre Bestände zunehmen. Werden die Neuen, die sich über die Grenzen der Brutgebiete hinauswagen, jedoch gleich wieder abgeschossen, kommt es nicht zur Ausweitung des Areals und damit zur Sicherung der Bestände. Der Abschuss wirkt wie ein unüberwindbares Gitter in einer großen Wildparkanlage. Wer den geschützten Bereich verlässt, bezahlt das mit dem Leben. Schaurige Parallelen mit dem Eisernen Vorhang für die Menschen drängen sich auf. Für eine Ausbreitung sind jedoch die Wagemutigen mindestens genauso wichtig wie die im gesicherten Zentrum Tätigen, die den Überschuss für die Abwanderung liefern. Einzelabschüsse können daher erheblich stärker »zählen«, als sie das ihrer geringen Zahl nach zu tun scheinen. Dass es bis zur Wiedervereinigung kaum zur Ausbreitung solcher Arten wie Seeadler, Fischadler und Kranich über den Eisernen Vorhang nach Westen gekommen ist, lässt sich nach Lage der natürlichen Gegebenheiten nicht verstehen. Warum hätten diese Arten, die so gut und so weit fliegen können, nicht auch an den saubereren, weit weniger mit Umweltgiften belasteten und viel früher wieder sauber gewordenen Gewässern Westdeutschlands leben können? Direkt an der ehemaligen DDR-Grenze musste der WWF Deutschland viele Jahre lang mithilfe einer organisierten »Rund-um-die-Uhr-Bewachung« die wenigen Seeadlerhorste und Kranichbrutstätten sichern. Heute hat sich die Lage gewendet. Die Großvögel aus dem Osten haben bessere Aussichten bekommen, sich wieder westwärts auszubreiten. Wenn man das auch zulassen wird! Denn nach wie vor sind sie »verdächtig« und erst recht gilt

Wildromantischer, aber gefährdeter Fischadlerhorst am Meer und sicherer Brutplatz in der ostdeutschen Kulturlandschaft.

das für alles, was in unseren Zeiten »zunimmt«. Die alten Widerstände sind noch längst nicht umfassend genug abgebaut. Noch brauchen die Greifvögel im Westen den Schutz der Stadt. Die Zahl der sogenannten Einzelabschussgenehmigungen, die als Ausnahmen vom allgemeinen Jagdverbot auf Greifvögel von den Jagdbehörden ausgestellt werden, hat schon wieder besorgniserregende Ausmaße angenommen.

9. Jagen und »rauben«:
Die Sicht von Landwirtschaft und Jagd

Raubvögel wurden sie genannt, die Adler und Falken, die Uhus und Käuze. Raubvögel werden sie zunehmend öfters wieder genannt, nachdem es einige Jahrzehnte lang so ausgesehen hatte, als ob sich die besseren, weil neutralen Namen Greifvögel und Eulen durchgesetzt hätten. Alles, was krumme Schnäbel und spitze Krallen hat, gehört vernichtet! Das war das Credo von Landwirten, Fischern und Jägern. In der Fischerei kamen auch spitzschnäbelige Vögel wie die Reiher, Rohrdommeln und sogar der nur gut spatzengroße Eisvogel zu den Verfemten hinzu. Denn diese Vögel ernähren sich, wie es ihnen ihre Natur vorgibt, von Tieren, die der Mensch für sich (allein) beansprucht. Was dem Menschen gehört und ihm weggenommen wird, erfüllte nach Meinung dieser Naturnutzer den Tatbestand des Raubes. Daher die Brandmarkung als Raubtiere (= Säugetiere) und Raubvögel (Greifvögel und Eulen). Vom Teilen mit anderen Lebewesen hielt und hält man im westlichen Kulturkreis nicht viel. Geier und Gier gehören sprachlich zusammen. Stößer und Würger drücken noch Deutlicheres aus. Hühnerstößer war der Hühnerhabicht (*Accipiter gentilis*), Taubenstößer meinte verschiedene Arten, meistens den Sperber (*Accipiter nisus*). Die »Würger« gehören zu den Singvögeln. Sie fangen ihre Beute wie kleine Greifvögel. Der größte von ihnen, der Raubwürger (*Lanius excubitor*), ist kräftig genug, um gelegentlich nach Falkenart einen kleinen Singvogel zu fangen oder am Boden eine Maus zu greifen. Mit was für einem Namen hat man ihn deshalb belegt! Die Würgerschnäbel tragen eine spitze, zahnartig vorspringende Bildung am Schnabel, mit deren Unterstützung die Beute getötet wird. Hauptsächlich besteht diese aus größeren Insekten. Erwürgt wird nichts. Dennoch halten sich solche Namen zäh und sie blieben unverändert bis in die Gegenwart. Aus dem sperlingsgroßen, tatsächlich nur Insekten fangenden Neuntöter (*Lanius collurio*) wäre mit Dornwürger sprachlich auch nicht viel verbessert worden. »Dorndreher« sollte die Lösung werden, aber die Ornithologen machten nicht gut genug mit, die alten Namen abzulösen und durch bessere zu ersetzen. Dass die Jagdpresse weiterhin Hühnerhabicht, Fischreiher und dergleichen verwendet, kann ihr kaum zum Vorwurf gemacht werden, wenn falsche oder ganz unpassende Namen weiterhin unter Vogelkundlern unangefochten kursieren. Nicht einmal für einen so schönen Vogel wie den Bienenfresser (*Merops apiaster*) gelang die Umbenennung. Sie wurde gar nicht einmal ernstlich versucht. So wird der Raubwürger ein solcher bleiben, Lämmergeier wird vielleicht wieder den Bartgeier verdrängen und aus dem nicht gerade geglückten Kunstwort »Beutegreifer« für Raubtiere und Raubvögel wird nichts werden als ein missglückter Versuch, sprachlich fest Verwurzeltes zu ersetzen. Irgendwie war auch zu spüren, dass das Ziel der Umbenennung im Gegenteil lag, nämlich in der Verharmlosung. Wo vorher (und immer noch) maßlos übertrieben worden war, da wurde nun gewaltig untertrieben. Wir bekamen dies mit »Bruno« vorgeführt, der sich wie eine Kuh hätte benehmen sollen und als harmloser »Allesfresser« dargestellt worden war. Dass dieses »alles« auch Schafe und Honig aus Bienenstöcken beinhaltet, wurde ihm zum tödlichen Verhängnis und geriet seinen Befürwortern zur Niederlage. Die Lösung einer (falschen) Position ergibt sich nicht durch die meist ähnlich falsche Gegenposition, sondern durch eine wirklichkeitsnähere Einschätzung. Hierin krankt es aber von Grund auf, weil der objektive Dritte in aller Regel fehlt, der das tatsächliche Ausmaß von Schäden oder Gefahren festzustellen und zu bewerten hat. Doch selbst in einem guten demokratischen Staatssystem bleibt die Notwendigkeit der unabhängigen »dritten Kraft« bestehen, die das häufig spannungsgeladene Verhältnis zwischen Staat und Öffentlichkeit buchstäblich zu richten hat. Dem Druck der Straße muss ebenso zu begegnen sein wie der Willkür »von oben«, die sich aus allzu großer Machtfülle ergibt. In unserem Wertungssystem fehlt eine solche kompetent richtende Instanz weitgehend. Die normale Ebene der Gerichtsbarkeit reicht in vielen Fällen nicht, weil das ihr zugrunde liegende Rechtssystem auf Vorgänge in der Menschenwelt ausgerichtet ist. Wer jemandem etwas an sich Entbehrliches gestohlen hat, der ist ein Dieb. Geschah der Diebstahl unter Gewaltanwendung, handelt es sich um Raub. Wird ein anderer Mensch (vorsätzlich) umgebracht, ist das Mord. Auch wenn der Dieb nachweislich von seinen Diebstählen leben muss, weil er, wie in Elendsvierteln vieler Großstädte dieser Welt, keine andere Lebensgrundlage hat, bleibt sein Tun Diebstahl, sein Morden Mord. Die Täter wissen das. Solche Selbstverständlichkeiten können nun aber eben nicht auf »die Natur« übertragen werden. Wer als Jäger ein Revier erworben oder gepachtet hat, dem »gehört« das darin lebende Wild zunächst nur formal. Er hat das Recht zur Aneignung mit jagdlichen Mitteln und Methoden. Aber die Natur gehört der Jagd nicht im natürlichen Sinn, denn frei lebende Tiere stellen kein beliebig verfügbares Eigentum dar, wie fabrizierte Sachen. Tiere und Pflanzen sind von Natur aus eingebunden in die Natur. Ein Habicht kann sich nicht von Blättern eines Buschwerks ernähren, das niemand sonst nutzen will, und ein Bär nicht jahraus, jahrein von Wurzeln solcher Pflanzen, die man selbst nicht in der Wiese haben möchte, weil das Vieh ihr Kraut nicht mag. Auch dem Reh lässt sich nicht beibringen, auf Knospen und Triebe im

Winterwald zu verzichten, weil das die Verjüngung der Forste schädigt, und dass es dafür Tannenzapfen verzehren sollte, die von den Bäumen gefallen sind und ungenutzt am Boden liegen. Wem das zu übertrieben klingt, sollte unbedingt die nachfolgenden Beispiele echter Begebenheiten lesen.

Merkwürdige Biberschäden

Ein Landwirt aus dem bayerischen Donauraum klagte so heftig über Schäden, die Biber auf seinem Feld anrichten, dass er sogleich beim örtlichen Abgeordneten Gehör fand. Dieser trug den Fall ins Parlament – und es rollte die Lawine. Nach vielfältigen verwaltungstechnischen Zwischenstufen, die hier übersprungen werden müssen, weil sie zu komplex für eine übersichtliche Darstellung wären, kam heraus, dass der Schaden zu begutachten sei. Die Ortseinsicht ergab im direkt ans Gewässer grenzenden Rübenacker als Befund mehrere Quadratmeter, von denen die Biber die Runkelrüben geholt hatten. Es handelte sich um 50 bis 60 Stück Rüben, wie zusammen mit dem Landwirt festgestellt wurde. Ein Teil des Rübenfeldes war bereits abgeerntet. Am Rand befand sich ein etwa drei Meter hoher Haufen von Rüben, der seiner Größe nach mehrere tausend Stück beinhalten musste. Auf die Frage des Gutachters, was mit diesen Rüben denn sei, kam spontan die Antwort: Die können wir nicht brauchen! Die werfen wir weg! So verhielt es sich also mit dem Biberschaden und dem Schadensanspruch. Was die Biber verzehrt hatten, lag im Tausendstelbereich der »unbrauchbaren Rüben«. Bei den Kosten, die das Verfahren an den unterschiedlichsten Stellen verursacht hatte, kam ein ähnliches Missverhältnis zum Wert der Rüben zustande. So ein Fall ist einfach zu beurteilen. Die unangemessene Übertreibung war zu offensichtlich. Aber in anderen Fällen liegen die Verhältnisse keineswegs so klar. Wer erlebt, wie die Katze im Garten einen soeben ausgeflogenen, aber noch nicht voll flugtüchtigen Jungvogel greift und als Beute wie ein Geschenk heimbringt, kennt das Problem. Klar, die junge Amsel ist tot. Amseln sind häufig. Sie holen Erdbeeren oder reifende Trauben. Das macht sie nicht sonderlich beliebt. Aber sie singen schön und verzehren alles mögliche Ungeziefer im Garten. Missen möchten wir sie auch nicht. Eine Jungamsel wird zudem nicht allzu viel ausgemacht haben. Vielleicht war's ganz gut so, dass nicht zu viele Amseln in den Garten kommen. Die Katze wird wahrscheinlich nicht gelobt, aber auch nicht gleich eingesperrt. Bringt sie ein Rotkehlchen, wird anders reagiert. Beschwichtigende Gedanken kommen nicht mehr hoch; die Katze wird auch nicht mehr gelobt, sondern eher geschimpft. Doch was wissen wir wirklich? War der Verlust eines Rotkehlchens schlimmer als der einer Amsel? Von Rotkehlchen (*Erithacus rubecula*) soll es, den Abschätzungen der Vogelkundler zufolge, in Europa zwischen 40 und 150 Millionen Brutpaare geben. Die Bruten pro Jahr erhöhen die Zahl jeweils auf das rund Dreifache. Entsprechend viele müssen bis zur nächsten Brutzeit wieder zugrunde gehen. Ansonsten wachsen in kurzer Zeit die Rotkehlchenbestände explosionsartig an. Wie viele Amseln gibt es nun im Vergleich zu Rotkehlchen? Mit geschätzten 31 bis 70 Millionen Brutpaaren etwa halb so viele wie Rotkehlchen! Wir lassen uns täuschen, weil die Amseln die Hauptvorkommen in den Städten, die Rotkehlchen aber in den Wäldern haben. Die beobachteten Todesfälle durch die Hauskatzen, die Krähen oder andere »Vogelfeinde« besagen praktisch nichts über ihre Wirkung auf die Bestände. Übereinstimmend zeigen die vielen Forschungsergebnisse zum Erfolg von Singvogelbruten, dass mehr als die Hälfte, häufig sogar um die 70 Prozent aller Bruten scheitern. Vögel, die in Höhlen nisten, sind zwar beim Erfolg ausgeflogener Jungen zunächst besser dran, aber danach sinken die Überlebensraten des Nachwuchses stark ab. Selten erreichen mehr als 30 bis 40 Prozent der Jungvögel das nächste Frühjahr, in dem sich die Kleinvogelarten schon selbst wieder fortpflanzen können. Großvögel brauchen länger, meistens mehrere Jahre. Wenn es bei ihnen so weit ist, haben vielleicht nur noch etwa 10 Prozent der früheren Jungvögel überlebt – und die gleichfalls etwa zehnprozentigen Verluste an Altvögeln in diesem Zeitraum wieder ausgeglichen. Das Ergebnis kennen wir: Trotz starker Schwankungen von Jahr zu Jahr bleiben die Vogelbestände normalerweise über längere Zeit erhalten. In guten Zeiten nehmen sie zu. Schlechte verursachen mehr oder minder starke Rückschläge. Wirkliche, also anhaltende Änderungen stellen sich ein, wenn die Verhältnisse in ihren Lebensräumen nachhaltig verschlechtert werden. Auf unsere Beobachtungen bezogen, die nicht nur Katzen, sondern auch Krähen, Elstern und Eichelhäher einschließen sollten, heißt das, dass wir viel zu wenig sehen, um aus den Einzelfällen auf die Gesamtwirkung schließen zu können. Das Vögelchen in den Krallen der Katze erregt sofort unser Mitleid. Es hätte vielleicht das schlechte Wetter der nächsten Tage gar nicht überlebt, weil seine Kondition dazu nicht ausreichte, oder aber den kommenden Winter. Es hätte auch kein Revier bekommen können, um darin zu brüten, weil alle besetzt sind, und daher in eine unbestimmte Zukunft abwandern müssen. Der frühe Tod des Rotkehlchens könnte anderen Rotkehlchen das Überleben des Winters ermöglicht haben, weil die Konkurrenz an Artgenossen vermindert wurde. Schlechte Bruterfolge bedeuten nun einmal bessere Aussichten für die überlebenden Vögel der betreffenden Art. Und vieles mehr gäbe es zu berücksichtigen, um den Einzelfall einordnen und werten zu können. Was zählt, sind nicht die Einzelvögel, sondern das Ergebnis für die nächste Brutzeit. Wird der Bestand kleiner, droht er abzunehmen. Wächst er zu stark, vermindern sich die Aussichten für den Nachwuchs, zu überleben. Das ist Natur. Schwankungen, mitunter auch recht starke, sind die Folge dieser ausgleichenden Vorgänge. Stabilität vorauszusetzen und gleichzeitig das Überleben des gesamten Nachwuchses zu erwarten, wäre absurd. Natürliche Verluste sind unvermeidlich, es sei denn, man schafft eine vollkommen künstliche, perfekt kontrollierte Laborwelt. Dennoch ist es verständlich, dass die Naturnutzer versuchen, die Jahresproduktion so groß wie möglich zu machen, um Überschüsse zu erzielen. Wir alle möchten hohe Zinsen für unser Kapital. Was die Naturnutzer langfristig wirklich nutzen können, das sind die Zinsen ihres Kapitals, das sie in der Natur haben. Und diese fallen eben, wie in der Menschenwelt auch, durch vielerlei Umstände bedingt mitunter schlecht aus. Es kann durchaus Zeiten ohne Zinsen geben, weil die kleinen Überschüsse in das Kapital zurückgeführt werden müssen, um dieses zu erhalten oder um die Basis zu vergrößern, wenn die Erträge sinken. Das Kapital selbst kann in schlechten Zeiten angegriffen werden (müssen). Wer dies für »graue Theorie« hält, gibt zu, die Natur nicht zu kennen. Dann wird Falsches von ihr erwartet. Der praktizierende Jäger weiß um diese Zusammenhänge wie der mit seinem Land verbundene Landwirt. Sie passen ihre Nutzungen den Erträgen des Jahres an.

Prädatorenkontrolle

Betrachten wir daher einen zweiten, erheblich komplizierteren, gleichwohl aber höchst aufschlussreichen Fall. Es ging um die Frage, ob sich die Bestände des Niederwildes, also von

Hasen, Fasanen und Rebhühnern, und die Vorkommen geschützter Singvogelarten nicht vielleicht doch wesentlich verbessern lassen würden, wenn, wie in früheren Zeiten, eine ganz intensive Bekämpfung des Raubwildes und des Raubzeugs vorgenommen wird. Ort des Großversuchs war ein rund 600 Hektar umfassendes Jagdrevier im Saarland, Versuchsleiter ein angesehener Wissenschaftler. Das höchst ernüchternde Ergebnis ist deshalb auch ohne Beschönigungen veröffentlicht worden.

Es besagte, dass auch nach sechs Jahren des »Totalabschusses« von Füchsen, Dachsen, Mardern, Wieseln, Krähen, Elstern und Eichelhähern keine Steigerung des Niederwildbestandes zu erzielen war. Die leichte Zunahme bei den Fasanen fand in anderen Gebieten genauso statt wie im Forschungsgebiet. Sie war wohl der günstigen Witterung Anfang der 1990er-Jahre zuzuschreiben. Dieser Großversuch, bei dem auf jeden zusätzlichen Fasan im Jagdertrag etwa 50 getötete Beutegreifer und Rabenvögel entfielen, bestätigte nachträglich, warum es trotz so extremer Bekämpfung von Raubwild und Raubzeug in früheren Zeiten nicht zu einer Schwemme an Niederwild gekommen ist. Das Niederwild reagierte auf die Art der Landwirtschaft. Die Bestandsrückgänge wurden ausgelöst und verstärkt durch die Flurbereinigungen, welche die Landschaften vereinheitlichten und wichtige Strukturelemente wie Feldgehölze, Hecken, Raine, Triften und feuchte Senken entfernten. Als in den 1970er-Jahren die Überdüngung einsetzte, gingen die meisten Niederwildarten noch weiter zurück, weil seither die offenen Flächen viel zu rasch zu dicht und zu hoch zuwachsen. Das erzeugt im bodennahen Bereich ein kaltes und feuchtes Kleinklima und dieses ist den Jungfasanen, Rebhühnern, Häschen und auch den nicht bejagten Arten wie den Feldlerchen, Ammern oder der bunten Blumenvielfalt höchst abträglich. Zugute kommt die Überdüngung einigen wenigen Arten und diese haben tatsächlich stark zugenommen: Rehe vor allem und in den letzten Jahrzehnten auch die Wildschweine.

Gleichgewicht in der Natur und Wirtschaftspraxis

Diese allgemeinen Lebensbedingungen in Wald und Flur wirken ungleich stärker als die besser sichtbaren natürlichen Feinde. Ohne eine unabhängige Beurteilung, die weder einseitig den Schaden in den Vordergrund rückt, den Tiere in der land- oder forstwirtschaftlichen Produktion anrichten, noch ebenso einseitig die Verluste herausstreicht, die Nutztiere und Nutzwild durch die »wilden« Räuber zu erleiden haben, kann kein Konsens gefunden werden. Vor allem dann nicht, wenn die Gesellschaft zum unbeteiligten Dritten erklärt und von den Entscheidungen ausgeschlossen wird. Die Nutzer werden immer das viel bemühte »Gleichgewicht in der Natur« zu jeweils ihren Gunsten verschieben und auslegen wollen. Für die Jagd bedeutet es, einen minimalen, gerade noch überlebensfähigen Restbestand von Raubwild und Raubzeug hinzunehmen, damit sie mit ihrem Tun »keine Art ausrottet«. Für die davon betroffenen Arten ergibt dies einen Zustand zwischen »gerade noch leben und noch nicht ganz sterben«. Land- und Forstwirtschaft werden weiter davon ausgehen, dass ihr getätigter Einsatz möglichst verlustfrei zu 100 Prozent in Ertrag umgesetzt werden müsse, und keine, nicht anderweitig von der Gesellschaft »ausgeglichenen« Abstriche davon machen wollen. Wo es um rein wirtschaftliche Aspekte geht, werden sich die Positionen verhältnismäßig leicht ausgleichen lassen. Die Natur bleibt mit den betroffenen Tieren und Pflanzen unberücksichtigt und, wie sich inzwischen herumgesprochen hat, bloß auf dem Papier. »Geschützt« wird sie *vor* den Naturfreunden, die Schutzgebiete nicht mehr oder nur noch auf vorgeschriebenen Wegen betreten und Insekten nicht mehr sammeln dürfen, um sich näher damit zu beschäftigen, während die Naturnutzer von den Schutzbestimmungen befreit sind. Dass die Öffentlichkeit den Nutzern aber durchaus etwas abtrotzen kann, das zeigte die Entwicklung bei den Greifvögeln. Doch wie lange wird »der Westen« noch von jenem Kapital eines vergangenen Systems in der DDR zehren können, das die Tiere so gut geschützt hat? Die wirtschaftliche Auszehrung des Ostens hält vorerst noch den im Westen üblichen Nutzerdruck zurück. Wird er sich in Schach halten lassen oder werden ein paar getötete Schafe auch in Brandenburg oder Mecklenburg-Vorpommern bald mehr »wert« sein als ein ganzer, lebender Bär? Werden einige Kilo Fisch, die als Angelvergnügen gefangen werden, wichtiger werden als Seeadler oder die prächtigen Entenvögel namens Gänsesäger (*Mergus merganser*), die zwar sehr schön aussehen und eindrucksvoll balzen (auf Münchner Stadtgewässern kann man ihnen dabei aus der Nähe zusehen, ohne sie zu stören!), aber den einzigen Nachteil haben, dass sie von Fischen leben müssen? Innerhalb des Stadtgebietes wird ihnen ihre Nahrung gegönnt. Man füttert sie nicht, sondern lässt sie einfach Gänsesäger sein. Kann man daraus einen Lösungsansatz ableiten? Sollten größere Tiere und Großvögel nicht einfach und am besten auf bestimmte Gebiete beschränkt bleiben, um Konflikte mit den Nutzern von Land, Wasser und Forsten von vornherein zu vermeiden? Es müssten nicht gleich Verhältnisse wie im Zoo sein. Die sogenannten Rotwildgebiete stellen ein derartiges System dar. Die Hirschvorkommen sind darin auf ganz bestimmte, vielfach durch Zäune abgegrenzte Waldgebiete beschränkt. Aus diesen dürfen sie nicht hinaus. Mit den bekannten Folgen für den Wald. Verlassen sie die ausgewiesenen Gebiete doch, sind sie im Rahmen der Jagdbestimmungen »frei«. Genau umgekehrt, aber in ganz ähnlicher Zielsetzung ging die Herdenhaltung vor. Die Schafe werden von Hirtenhunden begleitet, die gleichsam einen unsichtbaren Zaun um die Herde legen und mit dieser mitwandern. Die Hunde verhindern das Ausbrechen der Schafe auf die falschen, für die Beweidung nicht zugelassenen Flächen. Natürlich sollen sie auch Angriffe von Wölfen oder Bären und, falls das passieren sollte, von wildernden Hunden abwehren. Kann ein auf moderner Basis verbessertes Abwehrsystem die Lösung bringen? Sehen wir uns die Historie dazu und einige weitere Beispiele im nächsten Kapitel an.

10. Hirtenhunde und Zäune: Die Abwehr der Raubtiere

Zeus, der große Verwandlungskünstler unter den Göttern des Olymps, nahm gelegentlich die Gestalt eines schönen weißen Hirtenhundes an. Das geschah allerdings nicht, um (gott)väterliche Fürsorge seiner Herde zukommen zu lassen, sondern um sich als »Gott im Schafspelz« günstigeren Zugang zu amourösen Abenteuern zu verschaffen. Mit den echten Hirtenhunden war sicherlich zur Zeit der alten Griechen schon lange nicht mehr zu spaßen. Sie waren in den vorausgegangenen Jahrhunderten und Jahrtausenden genau dazu gezüchtet worden, als »Wölfe im Schafspelz« zu wirken. Ihre Gegner waren die Wölfe. Noch heute gibt es Zuchtformen von Hirtenhunden, die ein Fell vergleichbar einer kugelsicheren Baumwollweste entwickeln. Würden sie von Wölfen angegriffen, bekämen diese sogleich das Maul voller fester Haare, an denen sie nichts zu beißen, wohl aber zu viel zu schlucken hätten. Wie es aussieht, ist es den Züchtern sogar gelungen, den Hunden irgendwie beizubringen, sich nicht mehr als zu den Wölfen gehörig zu empfinden. Viele Hunde verbellen diese auch ohne besonderes Anti-Wolfs-Training so sehr, dass die Empfindung verständlich wird, sie hätten einen abgrundtiefen Hass gegen ihre wilde Verwandtschaft entwickelt. Ernst Jünger meinte in seiner Schilderung des dalmatinischen Aufenthaltes zusammen mit seinem Bruder Friedrich Georg im Jahre 1932, dass selbst das Gebell der Schakale »von allen Hofhunden mit jener Mischung von Erregung und Hass beantwortet wurde, mit der jedes Haustier den Ruf des freien und ungezähmten Verwandten vernimmt«. Auf Verbrüderung oder wenigstens Duldung durch die Verwandten können jedenfalls die Wölfe nirgends rechnen, wo Hunde wachen. Diese wehrten den Wolf auch dann ab, wenn es ihnen selbst auf den Höfen schlecht ging. Außerhalb von Adelskreisen mit ihren Hundemeuten, die Status zu sein und aufregende Jagddarstellung zu bieten hatten, und abgesehen von den Schoßhündchen ging es den Hunden, gerade auch den Wachhunden fast immer schlecht. Ein satter Hund ist ein fauler Hund und daher ein schlechter Wächter. Auf diesen einfachen Nenner ließ sich das Hundeleben auf dem Lande in früheren Jahrhunderten bringen. Hündisch hatte der Hund zum Menschen zu kriechen und ihm völlig ergeben sein, wollte er am Leben bleiben. Anders als Menschen können Hunde den Tod einem miserablen Leben nicht vorziehen. Ihre Stärke lag in der Schwäche gegenüber den Menschen, zu denen sie gehörten, denn das gab ihnen ihre bedrohlichen nach außen gerichteten Stärken. Mancher Kettenhund dürfte auch in unserer Zeit gefährlicher als ein Wolf sein. Denn Hunde haben die Menschen und ihre Schwachstellen kennengelernt, was Wölfe ihrer Natur nach gar nicht wollen. Für den Wolf sind die aufrecht gehenden Zweibeiner ähnlich unbegreiflich wie für alle anderen Raubtiere auch, die stärksten unter ihnen, die Tiger und Löwen, nicht ausgenommen.

Beherrschung des Raubtiers

Der Dompteur greift über die Raubkatzen hinweg, selbst wenn diese schon erhöht auf einem Podest sitzen. Ob er sich des Tricks mit dem Stock bedient oder nicht, ob die Peitsche knallend mitschwingt, ohne zu schmerzen oder gar zu verletzen, spielt dabei kaum eine Rolle. Der Mensch hat einfach die Oberhand. Der Wolf, der eine Stütze braucht, um sich auf die Hinterbeine aufrichten zu können, missversteht aus dem

Blickwinkel seines Wolfshorizontes naturgemäß den mühelos stehenden Menschen, der dadurch immer größer ist als er. Und wenn nicht, erkennt er das Kind mit der Sicherheit seines Instinkts und wird es so rücksichtsvoll und geduldig wie die eigenen Kleinen behandeln, die sich spielerisch auf ihn stürzen, kneifen und beißen. Dieses arteigene Verhalten blieb wenn nicht allen, so doch den allermeisten Hunden erhalten, gleichgültig, für welche Zwecke und zu welchen Körperformen sie gezüchtet worden sind. Man muss den Kampfhunden die Beißhemmung abdressieren und sie regelrecht dazu anleiten, den Unterlegenen an der ungeschützt dargebotenen Kehle zu fassen. Ansonsten würden sie genau so vorgehen wie bei einem Bären, den sie gestellt haben. Sie umkreisen ihn, versuchen ihn schnell ins Hinterteil oder in die Hinterfüße zu beißen und achten darauf, die Prankenhiebe zu meiden. Von ihnen und nicht vom Bärengebiss selbst geht für den Hund die größte Gefahr aus. Ein gut angebrachter Schlag kann auch für einen großen Hund tödlich werden oder ihm schwerste Verletzungen zufügen. Hinzu kommt: Der Bär ist keine Beute für Wölfe. Sie jagen ihn nicht aus eigenem Antrieb heraus, wie sie Elche verfolgen, stellen und zu töten versuchen, um sich von ihrem Fleisch zu ernähren. Der Bär bekommt daher so gut wie immer eine Chance, sich davonzumachen. Hunde machen es gerade so, wenn sie nicht auf ein anderes Verhalten dressiert worden sind. Sie würden den Bären, der sich den Schafen oder dem Hof nähert, von vorn angreifen und damit stellen, dann bellend umkreisen und zur Flucht zwingen, wenn sie groß genug oder zu mehreren zusammen sind. Nur auf die Jagd dressierte Hunde, die ihre Beute zu fassen und nicht mehr wieder freizulassen haben, gehen anders vor. Solche Hunde sollen jedoch von vornherein andere Aufgaben erfüllen als die Schutzhunde.

Wie kam der Mensch auf den Hund?

Niemand weiß, wie lange Menschen als Nomaden ihre Herden führten, ohne dabei die Mithilfe von Hunden in Anspruch genommen zu haben. So, wie es sich Konrad Lorenz in seinem köstlichen Buch *So kam der Mensch auf den Hund* vorgestellt hatte, wird es wohl nicht gewesen sein, weil die Domestikation des Hundes unter anderen Bedingungen, als damals angenommen worden war, vollzogen worden ist. Aber es ist ziemlich wahrscheinlich, dass, wenn nicht schon am Anfang der Domestikation südlicher Formen des Wolfes, so doch sehr bald schon die Abwehr von Feinden die Hauptfunktion der Hunde geworden war. Als allgemeiner Wachhund ohne spezielle Aufgaben (und besondere »hündische« Eigenschaften) erfüllen auch heute noch sehr viele Hunde diese ihre uralte Rolle. Es liegt am Überfluss unserer Zeit, dass der Wachhund kaum noch wirklich gebraucht wird, weil nahezu alles versichert ist. Die meisten größeren Hunde sollen eher in der nachbarschaftlichen Isolierung der Menschen in Großstadtwohnungen vor Einbrechern schützen, als auf dem freien Land draußen in Haus und Hof Raubtiere abwehren. Man tut sich das nicht mehr an, mit dem angeleinten Hund regelmäßig hinausgehen zu müssen, weil man ihn nicht frei um Haus und Hof laufen lassen kann. Es dürfte nicht übertrieben sein, zu behaupten, dass Stadthunde mehr Möglichkeiten zum Freilauf haben und mit einer weitaus größeren Zahl anderer Hunde zusammenkommen als die Hunde auf dem Land. Je isolierter und abgelegener das Gehöft, desto eher ist der Hund ein Kettenhund. Die kuriose, aber gar nicht lustige Folge ist, dass Stadthunde ihr Territorium bellend gegen Briefträger und Schornsteinfeger, gegen ungeliebte Nachbarn und notfalls auch gegen Polizisten verteidigen, aber höchst angeregt und meistens ohne Verletzungen miteinander spielerisch raufen. Solche Hunde würden jeden Bären sogleich melden, einkreisen und dem zuständigen Bärenfänger »übergeben«. In der Stadt sind die Hunde noch wirklich Gefährten der Menschen. Vielen wird eine starke emotionale Bezugnahme zuteil. Die Stadtbevölkerung erweist sich als geradezu unglaublich tolerant, machen doch die Hunde ihr Geschäft vorzugsweise in aller Öffentlichkeit und meistens auch da, wo die Menschen selbst gehen, und nicht ins Spezialklo wie die Katzen oder klammheimlich an einem stillen Katzenörtchen. Die Hundehalter in der Stadt zahlen, ohne Gegenleistungen der Kommunen zu erhalten, die Hundesteuer. Für einen Hofhund, Jagdhund oder sonstigen Gebrauchshund wird sie nicht erhoben. Die Hinterlassenschaften der Hunde entfernen die Kommunen dennoch nicht, sodass die Steuer wegen der Wachfunktion der Hunde in der Stadt überhaupt nicht zu rechtfertigen ist. Der Landbevölkerung wird die Hundehaltung allerdings auch nicht gerade leicht gemacht. Den Hund Hund sein zu lassen, geht meistens auch »draußen« nicht. Ein großer, abgezäunter Garten ist prima zum Herumlaufen, aber für den darin eingesperrten Hund mangels eines ausgeprägten Hundesinnes für Ästhetik wahrscheinlich ebenso langweilig wie ein Fußballfeld, wenn nie ein anderer Hund zum Garten kommt und hineingelassen wird. Zwei oder drei Haushunde bilden zwar ein kleines Rudel mit klarer Rangordnung, aber wenn sie keine Nachbarn haben, gegen die sie sein können oder die sie besuchen könnten, sind sie auch nicht sonderlich besser dran als Hunde in der Stadt mit Parkauslauf und großer Hundepromenade, auf der viel und immer etwas Neues los ist.

Hunde als Schutz vor Bären

All das hat mit Bär und Wolf und sogar mit dem Luchs zu tun. Denn wo solche Raubtiere auftreten und sich Hunde nicht zusammentun können gegen diese Gegner aus ihrer zeitlich fernen, früheren Welt, wo Hunde auch am Land draußen einsperrt bleiben, während Bär und Wolf die Freiheit haben, können sie genau das nicht tun, was ihre Artgenossen, die Hirtenhunde, ganz selbstverständlich und mit zuverlässiger Sicherheit tun würden: Bär und Luchs stellen und vertreiben. Die Wölfe aber würden sie schon auf Distanz warnen, nicht zu nahe zu kommen. »Bruno«, der wandernde Bär, konnte nicht ausreichend von Hunden wahrgenommen werden, weil sie nicht draußen sein dürfen. Andernfalls würden sie abgeschossen. Ein Jagdhund, auch mehrere in einem großen Jagdrevier, ersetzt die vielen Hunde nicht, die es in den Dörfern, an Gehöften und auf (nächtlichen) Wegen gibt, wo Bären vorkommen. »Bruno« traf das Fehlen der Hunde mit tödlicher Härte. Er wurde nicht fern vom Siedlungsgebiet der Menschen gehalten. Es wäre ganz unvorstellbar, dass ein Bär wie »Bruno«, der dies am bayerischen Alpenrand getan hat, durch eine Karpatenstadt marschierte, ohne sogleich von einer ganzen Meute aufgebrachter Hunde gestellt und umgehend vertrieben zu werden. Die allermeisten Hunde erfüllen die alten Funktionen nicht mehr, weil solche Aufgaben von eingesperrten »Wächtern« nicht erfüllt werden können. Die Wachaufgaben werden bekanntlich ganz allgemein in unserer Gesellschaft arg vernachlässigt. Selbst da, wo der gesunde Menschenverstand sagt, dass Überwachung unbedingt notwendig ist, wird sogleich gegen den »Überwachungsstaat« Front gemacht. Zäune sind daher häufig in der Stadt, fast immer aber draußen auf dem Land weder diebes- noch bärensicher. Meistens markieren sie nur symbolhaft die

Grenzen des Privatbesitzes. Sie können Hauskaninchen oder Meerschweinchen am Weglaufen hindern und dem Hund, so vorhanden, willkommen sein, eine klare Grenze nach außen zu haben. Der lebendige Zaun der Hunde ist es, der in den Bärenländern funktioniert. Viele Gebiete, in denen Bären leben könnten, werden daher auf absehbare Zeit für sie nicht in Frage kommen, weil sie zu leicht Zugang zur Menschenwelt finden würden. Wenn der Bär wieder »zugelassen« werden sollte, müssten die alten Formen von Hundehaltung und -verwendung auch wieder zugelassen werden. Bärensichere Zäune reichen nicht; sie taugen nur in Sonderfällen. Damit deutet sich an, dass die Wiederkehr der Bären nicht allein vom Ausgleich der Schäden abhängt, die an Schafen, anderem Vieh oder an Bienenstöcken angerichtet werden. Die ohnehin staatlich subventionierte Weideviehhaltung im Gebirge müsste als Erstes durch taugliche Hüte- und Wachhunde ergänzt werden. Solche Hunde lassen sich nicht im nächsten Supermarkt erwerben.

In der Hysterie um »Bruno« blieben daher mehrere ganz wichtige Gesichtspunkte unberücksichtigt. Die größten Sympathien für den Bären bauten sich typischerweise fern vom Geschehen auf. Sie hängen damit zusammen, wie die allermeisten Menschen unserer Zeit die Bären »sehen« wollen, ohne diese Tiere draußen in der Natur jemals selbst gesehen und erlebt zu haben. Greifen wir daher vor einer Abschätzung der Aussichten, die Raubtiere wie Bären und Wölfe in der mitteleuropäischen Kulturlandschaft haben könnten, ein gutes Stück tiefer zurück in frühere Zeiten und zu anderen Formen des Umgangs mit Bären und Wölfen. Denn ob wir es wahrhaben wollen oder nicht: Die alten, über die Jahrhunderte geprägten Bilder und die Vorstellungen von ihrer Gefährlichkeit durchdringen die aktuelle Politik weitaus mehr als zugegeben wird.

III.
Mythos und Meinung

11. Eiszeitjäger, Bärenkult: Verehrung der Raubtiere

Noch vor 15 000 oder 20 000 Jahren waren in Mitteleuropa die Winter so kalt, dass der Boden auch im Sommer seinen Dauerfrost behielt und nur oberflächlich auftaute. Es herrschte das Klima der letzten Eiszeit. Im Alpenraum wird sie nach einem kleinen Fluss, der, aus dem Starnberger See kommend, am Westrand der Stadt München vorbeifließt und sein Wasser der Isar zuführt, die Würmeiszeit genannt. In Nordeuropa wurde die Weichsel für diese bislang letzte Eiszeit namensgebend. In Nordamerika heißt sie Wisconsin-Glazial. Während dieser Vereisung, die große Teile des nördlichen Eurasiens und Nordamerikas überdeckt hatte, wanderten Menschen aus Ostasien nach Nordamerika ein und breiteten sich in wenigen Jahrtausenden bis ins südlichste Südamerika aus. Sie waren der vollen Härte des winterlichen Eiszeitklimas ausgesetzt, bis sie die warm gebliebenen Regionen im südlichen Nordamerika und die Tropen erreichten. In Europa erstreckte sich in dieser Zeit eine besondere Landschaftsform von Spanien bis nach Zentralasien, die »eiszeitliche Tundra« genannt wird. Treffender wäre die sich auch in Nordamerika durchsetzende Kennzeichnung als »Mammutsteppe«, weil der Eiszeitelefant, das mit wolligen Haaren bedeckte Mammut (*Mammuthus primigenius*), und zahlreiche andere Großtiere in den Weiten dieser Steppen mit Frostboden lebten. Menschen jagten diese Tiere. Das zeigen Jagdszenen in Höhlenmalereien aus dieser Zeit. Die Eiszeitmenschen hatten natürlich keine mit Daunen gefüllten Anoraks als Schutz gegen die winterliche Kälte. Auch Feuer konnte nicht nennenswert zum Wärmen und Warmhalten benutzt werden, denn dazu gab es in der baumlosen oder zumindest sehr baumarmen Mammutsteppe nicht genügend Brennholz. Die Eiszeitmenschen mussten sich in wärmende Felle hüllen, um sich warm genug zu halten. Das Bärenfell dürfte wegen seiner Form und Größe die bevorzugte Winterkleidung in der Eiszeit gewesen sein. Am Anfang der Ausbreitung von Menschen in die Eiszeitwelt standen also mit an Sicherheit grenzender Wahrscheinlichkeit bereits Zuwendung zu und Konflikt mit dem Bären. Ohne Bärenfelle hätten die Eiszeitmenschen kaum überleben können; so wenig, wie die Eskimos ohne Eisbär- und Robbenfelle dazu in der Lage wären. Der Stoffwechsel des Menschen ist nach wie vor auf seine tropische Urheimat eingestellt und nicht, wie bei Wolf und Hund, auf arktische Kälte. Eine große Wertschätzung des Bären von Anfang an kann daher angenommen werden. Verschiedene Funde, auch solche aus Bayern, lassen darauf schließen, dass die eiszeitlichen Jäger die großen Bären regelrecht verehrten. Schädel des sogenannten Höhlenbären (*Ursus spelaeus*) waren offenbar an bestimmten Plätzen in den Höhlen so mit Steinplatten zugedeckt worden, dass sie einen besonderen Platz einnahmen. Die Größe der vielen recht gut erhaltenen Schädel weist den Höhlenbären, der natürlich nicht dauerhaft in Höhlen gelebt, sondern diese vornehmlich als Winterlager aufgesucht hatte, als einen Riesenbären aus. Er war ganz erheblich größer als die heutigen europäischen Braunbären. Seine Größe entspricht den Anforderungen des eiszeitlichen Klimas mit langen, trockenkalten Wintern und Dauerfrost. Bären sind mehrfach unter den Tierdarstellungen auf den Höhlenmalereien der Späteiszeit vertreten, wenngleich nicht annähernd so zahlreich wie die eigentlichen Jagdwildarten der Menschen. Sicherlich beeindruckte die gewaltige Größe dieser Bären, wenn sie sich in die Senkrechte aufrichteten. Höchstwahrscheinlich plünderten diese auch immer wieder die Nahrungsvorräte der Menschengruppen, die den Bären gegenüber ziemlich machtlos waren. Es ist auch durchaus vorstellbar, dass nach Kadavern suchende Raubtiere, allen voran die Bären und der eiszeitlich weit verbreitete, jetzt aber nur noch im hohen Norden lebende Vielfraß (*Gulo gulo*), Menschenleichen als Aas zu nutzen trachteten. Als Gegenmaßnahme, die auch dem Schutz der Lebenden diente, wurden die Toten so bestattet, dass die Raubtiere nicht mehr an sie herankommen konnten. Das Ausheben von Gruben für die Toten, also von gegrabenen (!) Gräbern, und das Aufschichten von schweren Steinen oder Steinplatten darüber ergibt einen Sinn für die Bestattung der Leichen in kalten Regionen, in denen nicht, wie in Nordwestindien, die Toten den herumsegelnden Geiern geboten werden konnten und wo auch ein Verbrennen mangels Brennholz nicht möglich war.

Bären in Eiszeitkultur und Symbolik

Es ist daher durchaus möglich, dass Bären bei der Formung späteiszeitlicher Kulturen des Menschen eine erheblich weiter gehende Rolle spielten, als sich aus ihrer nachweislichen Wertschätzung als Totemtier ableiten lässt. Einzelne Menschen, aber auch größere Gemeinschaften, später ganze Großreiche, identifizierten sich mit dem Bären und seiner Stärke. Städte, wie Bern und Berlin, führen ihren Namen auf den Bären zurück oder nehmen diese Herkunft an, weil sie zum Eigenbild passt. Der »russische Bär« überlebte den Zarenadler. Bären im Wappen symbolisieren keine »Überflieger« wie die Anhänger von Adlern das ausdrücken wollten, und auch keine überlegen-aggressive Stärke wie die Löwen. Die Symbolik eines Tieres lässt sich bekanntlich umso mehr übersteigern, je weniger man es kennt. Mit dem Symbolbild des Löwen, gleichgültig, ob es sich dabei um die persische oder die bayerische Version oder um eine andere unter den vielen Wappenlöwen handelt, wird außerhalb von Afrika gewiss nicht die Faulheit der Löwenmännchen gemeint, die mit ihrer gewaltigen Mähne angeben und sich vom Weibchenrudel wie Schmarotzer versorgen lassen. Eher entsprechen die Zirkuslöwen diesem Wappenideal. Mit dünner Peitsche scheinbar machtvoll aufs Podest getrieben, auf das sie in Wirklichkeit selbst zulaufen wollen, weil dies ihr Platz ist, mit dem sie vertraut sind, weil sie ihn immer wieder, in jeder Vorstellung, aufzusuchen haben, »erheben« sie sich dabei gleichsam über den kleinen Menschen. Doch dieser hat sie als Dompteur fest im Griff, weil er ihnen feste Gewohnheiten beigebracht hat. Im ursprünglichen Zirkus, im Circus maximus im alten Rom, ging es noch um anderes: Gladiatoren mussten mit ihren Schwertern gegen Löwen kämpfen, die den Circus nicht kannten, weil nahezu jede Raubkatze nur ein einziges Mal hinein-, nicht aber wieder lebend herausgekommen ist. In die Enge getrieben, mussten sich diese Löwen wie eine gecornerte Ratte dem ungleichen Kampf stellen. Ihre Prankenhiebe glitten an den Eisenpanzern ab und die Gladiatorenschwerter waren allemal länger und schärfer als die spitzesten Löwenkrallen. Mancher Kämpfer kam dabei in schaurig schöner Vorstellung für die johlenden Massen zwar ums Leben, aber »Sieger« wurde doch kein Löwe. Er war von Anfang an dem Tod geweiht wie die allermeisten Gladiatoren auch, die als »Morituri«, als zum Sterben Verurteilte, den Kaiser zu grüßen hatten. Das nächste oder übernächste Schwert tötete ihn auf jeden Fall. Eine solche Art zu kämpfen war mit Löwen oder Tigern ein Spektakel für den Zirkus der altrömischen Version. Dort, wie auch im heutigen Zirkus, hätte ein Kampf mit einem Bären keine Show geboten. Der mit

Schwert oder mit starkem Spieß Bewaffnete kann den sich drohend aufrichtenden Bären mit einem Hieb oder Stich in den Bauch tödlich verletzen. Bären sind deshalb in einem Kampf mit dem bewaffneten Menschen von vornherein im Nachteil. Es ist für sie nicht ganz so einfach, sich in die Senkrechte aufzurichten und länger in dieser Haltung zu verweilen oder gar zweibeinig weiterzulaufen. Deshalb darf mit Fug und Recht davon ausgegangen werden, dass auch in der uns heute so fern erscheinenden Eiszeitwelt die aufrecht gehenden Menschen für Bären und andere Raubtiere bedrohlich ausgesehen haben. Schon mit ihren aus heutiger Sicht einfachen Waffen waren Gruppen von Steinzeitmenschen jedem Raubtier überlegen. Mit der Erfindung des Wurfspießes sind sie zum gefährlichsten Jäger von Großwild geworden. Der Erfolg fing jedoch gegen Ende der letzten Eiszeit an, in Misserfolg umzuschlagen und sich zur größten Gefahr für die Menschen auszuweiten. Denn das Großwild nahm ab. Je rarer Mammut, Riesenhirsch, Elch und Wisent wurden, desto stärker wirkten sich die Verluste in ihren Restbeständen aus, die ihnen von den späteiszeitlichen Steinzeitjägern zugefügt wurden. Eine ganze Reihe von Großtierarten starb damals aus oder wurde auf Restvorkommen in für Menschen besonders unwirtliche Gegenden abgedrängt. Eiszeitliche Ausrottung, »pleistozäner Overkill«, so bezeichnet der Fachausdruck das Geschehen. Die Ausrottung der Großtiere ist dem Menschen anzulasten und nicht dem Klima, so die Verfechter dieser These. Die Tierbilder in den Eiszeithöhlen drücken zudem augenfällig aus, wie geschätzt das Großwild wurde, als es nicht mehr in Hülle und Fülle zur Verfügung stand. Von der aus der Notwendigkeit heraus zustande gekommenen Wertschätzung hin zur kultischen Verehrung führt sicherlich nur ein kleiner Schritt. Was überreich verfügbar ist, wird in aller Regel nicht sonderlich geschätzt. Mit dem Schwinden der Großtiere waren die Raubtiere jedoch direkte Konkurrenten der Eiszeitjäger geworden. Für beide Seiten ging es ums Überleben. Der Eiszeitbär verlor, wie auch andere große Raubtiere aus jener Zeit, der Eiszeitlöwe, die europäische Eiszeithyäne und als Erster schon der Säbelzahntiger. All diese Raubtiere gingen unter. Die nacheiszeitlichen Bären und die kleineren Raubtiere büßten ihre ursprünglichen Verbreitungsgebiete weithin ein. Ihre Hauptvorkommen wurden in die kältesten, steilsten und unwirtlichsten Gegenden zurückgedrängt. Der Sieger bediente sich nun ihrer, um gegen seinesgleichen Größe und Macht zu demonstrieren. Jäger kleideten sich in Bären- und Wolfsfelle, um damit maskiert Schrecken zu verbreiten. In Afrika, Asien und im tropischen Amerika dienten Felle von Löwen, Leoparden und Jaguaren, an denen die Raubtierköpfe verblieben waren, demselben Zweck. Besonders »beliebt« wurden aus naheliegenden Gründen Bärenfelle, weil sie in ihrer Form dem Körper des aufgerichteten Menschen weit besser entsprechen als die Katzenfelle.

Ob Bärenfeste bei den Bewohnern von Hokkaido, der großen Nordinsel Japans, auf der sich auch eine besondere Urbevölkerung, die Ainus, erhalten hatte, oder kämpfende Berserker, die als in Bärenfelle gehüllte Krieger von den (römischen) Gegnern besonders gefürchtet waren, die Bärenkostüme zeigen das Spektrum der Ausnutzung von Macht und Aura des Bären bis in historische Zeiten oder in die Gegenwart.

12. Bärenfell und Bärengalle, Bärendreck und Tanzbären

In Bärenfelle hüllt man sich längst nicht mehr; auch nicht, um wie einstens die Berserker zu kämpfen. Bei den römischen Legionen waren diese germanischen Krieger gefürchtet, weil sie die Wildheit ihrer Angriffsweise, die in rasende Wut ausartete, mit der Wildheit ihres Aussehens verbunden hatten, wenn sie sich in Bärenfelle hüllten. Dass das zähe Leder und dicke Fell des Bären einiges aushält, versteht sich von selbst. Es mag im Kampf auch angenehmer zu tragen gewesen sein als die im Sommer (zu) heiße, im Winter eisenkalte Rüstung der römischen Legionäre. Manche schmähliche Niederlage dürften die ja meistens nur als Söldner kämpfenden römischen Legionäre auch allzu bereitwillig der wilden Kampfeswut der Bärenfellträger zugeschrieben haben. Sich bei Kämpfen in Felle starker Tiere zu hüllen und mit deren Insignien von Kraft die Gegner zu beeindrucken, war jedenfalls eine ebenso uralte wie weitverbreitete Methode. Das Löwenfell zu tragen, galt und gilt gebietsweise auch heute noch mancherorts in Afrika als äußerliches Zeichen der Häuptlingswürde. Zähne und Krallen von Löwen und Bären können in ihrer Außenwirkung durchaus den funkelnden, mit Edelsteinen besetzten Goldkronen von Königen und anderen, die sich für edel halten, gleichgesetzt werden. Mochten die Häuptlinge der sogenannten Naturvölker auch primitiver erscheinen, in ihrem kriegerischen Verhalten waren viele auf das Feinste gekrönte Häupter auch nicht zivilisierter. Teile solcher symbolträchtiger Bekleidungsformen sind in höfischen Kreisen erhalten geblieben. Noch im 19. Jahrhundert schmückten sich Könige mit Hermelinmänteln. Damen der besseren Gesellschaft halten auch heute noch viel von Nerz, nachdem ihnen das internationale Handelsverbot des Washingtoner Artenschutzübereinkommens von 1976 Mäntel aus den Fellen gefleckter Katzen, allen voran von Ozelot, Leopard und Jaguar, gründlich verleidet hatte. Der Schlachtruf der Artenschützer der 1970er-Jahre »Fellmäntel tragen schicke Katzen und hässliche Weiber« verbannte die Pelzmäntel in die Schränke. Dem Leoparden kam die Aktion in einem so gar nicht erwarteten Umfang zugute. War er bis in die 1980er-Jahre noch fast in seinem gesamten Verbreitungsgebiet vom Aussterben bedroht, so lebt er nun vielerorts in Afrika, ein Vierteljahrhundert nach diesen Anti-Pelzmantel-Aktionen, in wieder fast »naturgemäßen« Häufigkeiten. Dem größeren Verwandten in Amerika jedoch, dem Jaguar, geht es immer noch nicht besser, weil diese tatsächlich näher mit dem Tiger verwandte Großkatze kaum »natürliche Beute« findet und sich daher zu oft an Vieh »vergreifen« muss, um zu überleben. Die durch die Rodungen schrumpfenden Regenwälder Südamerikas reißen auch den Ozelot in ihren Untergang mit, auch wenn er ganz besonders und so gut wie ausnahmslos den weltweiten Schutzstatus genießt. Erfahrene Praktiker im globalen Artenschutz sinnen daher darüber nach, ob eine moderate »Nutzung« dieser Katzen nicht vielleicht mehr für ihren Schutz erreichen würde als das bisherige totale Handelsverbot, weil die Wildtiere für die lokale Bevölkerung damit einen beträchtlichen Wert gewinnen würden. Wo Tiere nicht nur keinen »Preis« haben, sondern lediglich einen sogenannten ideellen Wert, aber aufgrund ihrer Lebensweise Schäden verursachen, taucht unweigerlich diese konfliktträchtige Frage auf. So dürfen in den nordeuropäischen Vorkommen einzelne Bären mit besonderen Lizenzen erlegt werden. Das weist ihnen einen hohen Wert in Form des Kopfgeldes für den Abschuss zu. Das Fell kann als Trophäe weiterverwertet werden, weil es legal (mit Zertifikat) erworben worden ist. Es landet dann vielleicht in den Bärenfellmützen der britischen Garde, die bei königlichem Zeremoniell aufmarschiert. Diese hohen Mützen »erhöhen« ihre Träger in eine Größenklasse wie die »langen Kerls« der preußischen Garde. Die Bärenfellmützen müssen auch dann getragen werden, wenn die Sonne heiß niederbrennt und die Träger einen Hitzschlag zu bekommen drohen. Denn sie haben Größe und Macht der repräsentierten Herrschaft zu symbolisieren.

Aber nicht nur manche Äußerlichkeit, die als historischer Überrest in der modernen Welt mitgeschleppt wird wie der Wurmfortsatz am menschlichen Blinddarm, blieb uns bis in die Gegenwart erhalten. Viel mehr davon steckt in der Sprache. Der Ausdruck »dickfellig«, der vom Bärenfell abgeleitet worden ist und längst vielerlei bedeuten kann, gehört dazu. Als Bezeichnung für das Verhalten eines Menschen wird sich »dickfellig« sicherlich dickfelliger erweisen als das regional oberdeutsch/bayerische »bärig«, das dabei ist, auszusterben. In der Sprache der Jugendlichen war damit vor wenigen Jahrzehnten eine ziemlich große Wertschätzung zum Ausdruck gebracht worden. Aber seit ein anderes Tier, der Affe, den Bären verdrängt hat, entschwand es rasch aus dem Wortschatz.

Bärengalle

Weithin verschwunden ist die Nutzung Bärenschinken, der früher insbesondere in nordischen Ländern sehr geschätzt war. Die Fleischbeschau hat das Risiko von Trichinen aufgezeigt. Echte Bärenkrallen trägt man(n) auch nicht mehr. Eher täuschend ähnliche aus Plastik, die man sich um den Hals hängen kann, um wie ein Ersatzwaldläufer für einen Wes-

144

ternfilm auszusehen. Leider nicht so einfach nachmachen lässt sich Bärengalle. Wo nach wie vor die traditionelle Medizin den künstlichen, zweifellos oft spezifisch wirkungsvolleren modernen Medikamenten vorgezogen wird, bezahlt man gut und teuer für diese Galle. Sie wird lebenden, in enge Käfige eingesperrten Bären unter unsäglichen Qualen laufend abgezapft. Als Medizin kostet sie mehr als die meisten hochwirksamen Antibiotika. Unwirksam ist sie nicht, wie Tierschützer meinen und verbreiten. Vielmehr zeigten neueste Forschungen, dass Gallensäuren den Körper vor dem Eindringen krankheitserregender Keime schützen. Sie töten viele davon schon in der Darmschleimhaut ab. Seit langer Zeit ist bekannt, dass die Galle das Fett in der Nahrung bekömmlicher macht. In der Sprache der Medizin ausgedrückt heißt es: Die orale Verabreichung von Gallensäuren senkt das Infektionsrisiko. Genau das nutzte die ostasiatische Medizin mit ihrer Verwendung der besonders konzentrierten Bärengalle. Ob das mit den heute verfügbaren Ersatzmöglichkeiten noch nötig ist, stellt eine andere Frage dar. Aber es liegt an der großen Nachfrage aus den ostasiatischen, insbesondere den chinesischen Märkten und nicht an den Schäden, die sie dort am Vieh anrichten, dass Braunbären in den riesigen, von Menschen nur sehr dünn besiedelten Wäldern Nord- und Nordostasiens so selten geworden sind. Pro 1000 Quadratkilometer gerechnet gibt es dort weniger Individuen als in den europäischen Karpatenwäldern. Bärenprodukte spielen in Ostasien eine durchaus vergleichbare Rolle wie die noch attraktiveren Tigerknochen.

Tigerfarming

Tiger werden seit fast einem halben Jahrhundert nicht mehr hauptsächlich wegen ihres als Bettvorleger geeignet erscheinenden Fells gewildert, sondern ihrer Knochen wegen, die pulverisiert allen möglichen, zumeist eher »unmöglichen« chinesischen Medikamenten hinzugefügt werden. Die höchsten Preise erzielt der im Tigerpenis vorhandene Stützknochen. In China wird daher inzwischen ein »Tigerfarming« betrieben, um den gestiegenen Bedarf zu decken und den Druck auf die wenigen, noch in freier Wildbahn vorkommenden Tiger Indiens und Nordostasiens zu mildern. Tiger vermehren sich ähnlich wie Löwen in Zoologischen Gärten recht gut. Es mag zwar widersinnig erscheinen, so ein großartiges Tier nur deshalb zu züchten und mit Fleisch zu füttern, das als Menschennahrung in Ostasien für viele unerschwinglich teuer ist, um Penisknochen für finstere Märkte zu erhalten. Ein solches, Anfang der 1990er-Jahre dem WWF vorgeschlagenes Projekt wurde als ethisch nicht zu vermittelnde Vorgehensweise prompt abgelehnt. Lieber steckte man das Spendengeld in den Schutz der wildlebenden Tiger; wohl wissend, dass es bei der Größe der Gebiete unmöglich sein würde, einen gegen die hochmodern ausgerüstete Wilderei wirkungsvollen Schutz zu gewährleisten. Das pragmatischere Vorgehen der Chinesen wird wahrscheinlich mehr erreichen als die Aufschreie gegen die Wilderei in den reichen westlichen Ländern, mag man vom Tigerfarming halten, was man will. Entsprechendes dürfte für die Bärengalle und ihre Gewinnung gelten. Sicher wird es für eine hoffentlich nicht zu lange dauernde Übergangszeit besser sein, Bären für die Gallengewinnung zu züchten und dafür tiermedizinisch hinreichend gute Verhältnisse zu schaffen, als so ein lukratives Geschäft international zu ächten. Es würde nur in die viel üblere Zone von Schwarzhandel und Wilderei abgedrängt. Schließlich hat es auch ziemlich lange gedauert, bis wir hier in Mitteleuropa einigermaßen von Dachs- und Murmeltierfett weggekommen sind. Verzichtet wird darauf immer noch nicht. Eher ist wieder eine Zunahme zu befürchten, weil die unterschwellig vorhandene Bereitschaft zum blinden Glauben gerade in Kreisen von manch naturverbundenen Menschen sehr ausgeprägt ist. Heilkräuter und Zaubersprüche feiern seit Jahren wieder Urständ. Die »unschlagbare Heilkraft« von Murmeltierfett, Tigerknochen und -penissen wird im pseudoaufgeklärten Westen weiterhin jede Menge Anhänger finden. Blicke in die einschlägigen Angebote zeigen in erschreckender Deutlichkeit, auf welch mittelalterliche Abwege sich die Klientel dieser Natur(wunder)gläubigkeit schon längst begeben hat. Die Logik, die geboten wird, ist so einfach, dass sie das schlichteste Gemüt begreifen kann: Der Tiger hat, wie auch der gewaltige Bär, alles Getier in sich aufgenommen, das unter ihm steht. Dieses wiederum enthielt schon all die Kräfte der noch niedrigeren Stufen, bis hinab zu den Pflanzen und zur Erde selbst. Also müssen sich die besten Kräfte im Tiger und im Bären versammelt haben. Der an den Naturkräften teilhabende Mensch macht sich dank seiner bewussten Einfügung in die Natur, aber auch wegen seiner Überlegenheit, diese Tiere zunutze. Wie harmlos ist es da, wenn sich ein Eishockeyteam nach dem Bären benennt oder ein Dosenmilchprodukt die »Marke des Bären« trägt, von dem darin gewiss keine Milch enthalten ist, auch wenn Bärenmilch sehr ergiebig und vitaminreich wäre.

Tanzbären und Großwildjäger

Die Vorführung von Tanzbären demonstriert auf andere Weise die Macht des Menschen über das gewaltige Tier. Vom Schausteller wird der bedauernswerte Bär »an der Nase herumgeführt«; ein Ausdruck, der in übertragener Form vieldeutig in die Umgangssprache Einzug gehalten hat. Mit einem Tanz haben die wiegenden Schritte des gepeinigten Bären nichts zu tun. Sie sind nur Beiwerk, das der Bärennatur entspricht und falsch gedeutet wird. Einstens ging es nur darum, das besiegte, hilflos gewordene Monster dem staunenden, von der Heldentat ergriffenen Publikum vorzuführen. Dazu ist in unserer Zeit allerdings wirklich kein vernünftiger Grund mehr gegeben. Am Leben gehalten, beeindruckt der bezwungene Bär natürlich noch viel mehr und vor allem viel länger als ein erschossener. Da zählt nun noch jener Moment, in dem der »erfolgreiche« Jäger seinen Fuß in Siegerpose auf das Tier setzt, um sich selbst als Urmensch zu zeigen. Manche Großwildjäger kleinen Geistes präsentieren sich auch in unserer Zeit noch so; sogar mit Fotos in eigenen Büchern. Das Steinzeiterbe steckt ziemlich umfänglich noch in manchen von uns. Dass solche Schützen eine von ihnen selbst überhaupt nicht geleistete, sondern lediglich mit Geld bezahlte, moderne Waffentechnik genutzt haben, die ihnen den Abschuss ermöglicht hat, tut der dabei entblößten jägerischen Überheblichkeit offenbar keinen Abbruch. Ein faires Ringen mit dem mächtigen Tier würde anders aussehen als eine solche Großwildjagd aus sicherem Abstand mit Gewehren hoher Durchschlagskraft. Sie leitet nahtlos über zur extremsten Form, die den allermeisten Zeitgenossen kaum glaubhaft erscheint: Es gibt inzwischen Abschüsse per Computer. Der »Schütze« ist mit einem echten Gewehr draußen in der Wildnis über das Internet verbunden und so am Bürostuhl in der Lage, tatsächlich den Bären zu schießen. Das Video dazu wird frei Haus geliefert; das Fell kann als Trophäe erworben werden. Peinlicher kann ein solcher »Sieg« über das große Tier nicht mehr werden. Dabei hält die Reichweite von heutzutage normalen Jagdwaffen den Schützen im Gelände ohnehin schon weit außerhalb der wirklichen Gefahrenzone. Die Männer, die »Bruno« erschossen haben, sind ebenfalls keine Sekunde in Gefahr gewesen. Beim virtuell-reellen Abschuss muss der Jäger nun selbst gar nicht mehr in die Wildnis. Dass sich sehr viele Jäger von dieser Art des Jagens distanzieren, versteht sich von selbst. Mit Respekt vor dem Wild hat das ähnlich wenig zu tun wie die Verniedlichung der lebendig so wundervollen Bären zu Teddybären und Gummibärchen. Diese verdanken ihre Attraktivität offenbar archaischen Empfindungen, die kaum jemals bewusst werden, aber Einfluss darauf nehmen, was wir bevorzugen oder ablehnen.

13. Zoobären, Kindchenschema und Sympathie

Warum eigentlich wirken die vielen Formen des Bären so sehr? Was qualifiziert den Bären zum Kuscheltier? Warum bringen wir auch den großen, selbst in der sicheren Unterbringung der Gehege von Zoologischen Gärten eigentlich bedrohlich aussehenden Bären sogleich Sympathie entgegen? Dem Wolf geht es in dieser Hinsicht ungleich schlechter, obwohl er die Stammform all unserer Haushunde vertritt. Wölfe hält man intuitiv auf den ersten Blick für gefährlich. Das Bärenbild hingegen trägt ganz von selbst den Mantel des großzügigen, überlegenen, netten und verlässlichen Wesens, das auf die echten Gefahren des Lebens einfach mit Ruhe und Gemütlichkeit reagiert. Petzi, der noch junge, unerfahrene und kindlich behoste Bär der Bilderbücher und Zeitungscomics der 1950er- und 1960er-Jahre, fing ganz lieb an und wollte auch so bleiben. Balu, der Bär des indischen Dschungels, der Mogli, das in den Wald geratene Menschenjunge, in Rudyard Kiplings *Dschungelbuch* mit seinen schützenden Pranken begleitet, erfüllt als großer, voll erwachsener und mit dem Leben in der Dschungelwelt vertrauter Bär die auf »Petzi« aufgebauten (kindlichen) Erwartungen. Menschenkinder und Erwachsene finden Zoobären stets nett. Man hält sie für niedlich. Fliegen Prankenhiebe des einen Bären dem anderen um die Ohren, heißt es: »Sieh mal, wie nett die spielen.« Das gleiche Spiel von Leoparden löst genau die gegenteilige Einstufung aus: »Oh, Raubkatzen, das sieht man, wie gefährlich sie sind!« Von Zoobären wird erwartet, dass sie nicht allein (»einsam«) im Gehege sind. Absolut bevorzugt ist bei den Besuchern die Bärenmutter mit ihrer Kinderschar. Die Kleinen sollten eigentlich nicht größer werden. Leider tun sie das natürlich doch. Das von Konrad Lorenz publik gemachte, sogenannte Kindchenschema, auf das wir Menschen instinktiv reagieren, weil es unsere Pflege- und Schutzbereitschaft für Neugeborene und Kleinkinder anspricht, reicht nicht aus, das Besondere des Bären zu erklären. Dem Kindchenschema zufolge sollte der Kopf nämlich, wie bei den meisten Teddybären, eine viel kürzere und stumpfere Schnauze haben. Dass beide Augen ausgeprägt nach vorn gerichtet sind, stimmt zwar, nicht aber, dass sie beim (kleinen) Bären auffallend groß und hervortretend sind. Am Teddybären werden die Glasaugen stets deutlich größer gemacht, als sie das beim echten Bären sind. Wollig, aber kurz ist das Fell vom Bärenjungen und vom Teddybär. Das Menschenkind trägt kein Fell, sondern lediglich feine Härchen, die fast nur als Schimmer auf der Haut und bei genauem Hinsehen zu erkennen sind. Bärenkinder sind den Menschenkindern bei weitem überlegen, wenn sie artgemäß auf allen vieren laufen und herumtollen, während das »Vierfüßer«- oder, besser, das Krabbelstadium beim Kleinkind demgegenüber unbeholfen und zurückgeblieben aussieht. Es gibt also gar nicht so viele Übereinstimmungen, dass der Begriff »Kindchenschema« als Erklärung für unsere Bärenvorliebe gerechtfertigt wäre. Lediglich der rundliche Kopf passt, auch wenn er beim Menschenkind keinesfalls in ein, noch dazu kräftig braunes Fell gehüllt ist, aus dem eine schwarze Nasenspitze hervorragt. Der Bär nimmt uns auf andere Weise irgendwie gefangen. Er bleibt irgendwie das Bärchen, wenn er zum großen Bären herangewachsen ist. »Bruno«, der Bär, war immerhin schon 110 Kilogramm schwer und 130 Zentimeter lang, als er erschossen wurde. Die von ihm veröffentlichten oder ihm zugedachten Bilder in den Tageszeitungen wiesen ihn auch nicht als noch fast hilfloses Riesenbaby aus. Dennoch erhielt er die hohen Wellen von

Sympathie, um die ihn all die Menschen nur beneiden können, die sich unentwegt um die Sympathie des Publikums
oder der Wähler bemühen. Ihnen, den Menschen, unterstel-
len andere Menschen viel eher Unzuverlässigkeit und Eigen-
nutz als dem großen Bären, der als Tier mit Sicherheit nur ei-
gennützig handeln konnte und auf dessen Verhalten sich kein
Mensch, der meint, Bären zu kennen, jemals so verlassen
hätte wie auf einen gar nicht putzig-petzig aussehenden,
gleichwohl aber viel zuverlässigeren Hund. Jeder ordentliche
Zoo braucht Bären, aber keineswegs muss er auch Wölfe haben. Das erwartet die große Mehrheit der Besucher. Warum
wollen bloß so viele Menschen Bären aus der Nähe sehen und
am liebsten auch streicheln? Um die Antwort vorwegzu-
nehmen: Wir wissen es nicht, aber es gibt einige ganz gut
begründete Vermutungen dazu. Diese hängen mit den Teddybären zusammen.

14. Teddybären und Goldbären

Teddybären übertreffen mit hunderten Millionen kursierender Exemplare die lebenden Bären der Zahl nach um ein Vielfaches. Im 20. Jahrhundert lösten sie weithin die Puppen als Schmusestücke in beispielloser Geschwindigkeit ab. Ihr Größenspektrum reicht von Miniaturbärchen, die als Schlüssel- oder Schultaschenanhänger dienen, bis hin zu bärengroßen Riesenausgaben, die locker kleine Kinder in ihre bärenstarken Arme aufnehmen können. Die mittlere Größe von etwa 40 Zentimeter Höhe ist am häufigsten vertreten, weil sie auch am besten in die Kinderarme passt und von diesen gedrückt werden kann. Das garantiert die Weichheit des Körpers mit dem künstlichen Fell. Mit beweglichen Beinen ausgestattet, lassen sich Teddybären hinsetzen. Dabei strecken sie ihre für Bären viel zu kurzen Vorderbeine wie Arme nach vorn oder nach oben. Sie sind eben keine Bären, diese nach dem einstigen amerikanischen Präsidenten Theodore (»Teddy«) Roosevelt benannten Puppenersatzbären, sondern eigentlich wurden sie vom australischen »Beutelbären«, dem Koala (*Phascolarctus cinereus*), abgeleitet. Dieser geradezu wie ein lebendiges Plüschtier wirkende Verwandte der Kängurus hat mit Bären gar nichts zu tun, außer dass er, wie alle Beuteltiere, zur Großgruppe der Säugetiere gehört. Delfine und Menschenaffen sind den richtigen Bären weitaus näher verwandt als diese mit den Beutelbären.

Koalas sind kuschelig und sie verhalten sich auch so. An die Äste der Eukalyptusbäume Südostaustraliens geklammert, greifen sie sich mit ihrer Bärenruhe eine Handvoll Blätter, kauen sie aufreizend langsam durch und tun den ganzen Tag nichts anderes, außer vielleicht einmal den Sitzplatz zu wechseln und den Kopf zu schütteln, um sich nach dieser Anstrengung fast kugelförmig zum Schlafen zusammenzurollen. Den Ast halten sie dabei umklammert. Die Weibchen tragen ihr Junges auf dem Rücken, sobald es den zum Rücken hin offenen Beutel verlässt, in dem es als Winzling herangewachsen war. So eine Koalamama mit ihrem altklug (oder dümmlich, je nach gefühlsmäßiger Interpretation, die von den Menschen vorgenommen wird) in die Welt schauenden Koalakind wirkt einfach herzerweiternd süß. Das plüschartige Fell passt so perfekt zum Schmusestofftier, dass es nur kopiert zu werden braucht und nicht wie das langhaarige und zottige Bärenfell (»Zottelbär«) erst kindgerecht angepasst werden muss. Koalas tragen auch die nach unten leicht gebogene, gerundete Nase des Teddybären, die weit weniger stark aus dem rundlichen Gesicht ragt als die Bärennase. Der echte Bär ist ein Langschädel im Vergleich zum Koala. Und wenn so ein Koala plötzlich mit einem Hopser von einem Ast zum nächsten springt, sieht das noch putziger aus als alles, was Bärenkinder in ihrer Tollpatschigkeit zuwege bringen. Das Leben der Koalas spielt sich nahezu ausschließlich oben im Geäst der Eukalypten ab. Fast nie kommen sie zum Boden herab und daher werden sie auch nicht »schmutzig« wie die Bären, die im Schlamm und Wasser, im Dickicht und auf Felsen herumtollen. Kurz: Koalas geben das perfekte Vorbild ab für ein Schmusetier. Sie beißen nicht, sie riechen (meistens) gut und sie verhalten sich als hochgradig auf Blätter ganz bestimmter Eukalyptusarten spezialisierte Tiere den Menschen und anderen Lebewesen gegenüber freundlich-friedlich. Dass es zur Paarungszeit durchaus rabiat zugehen kann, stellt keinen Widerspruch dar. Das stört außerhalb der Koalakreise niemanden. Die einzige Abweichung vom Idealbild des Teddys liegt in ihrer silbriggrauen Fellfärbung. Ein »weiches« Braun wirkt da besser. Und so stellen unsere Teddybären kaum mehr als eine Farbmutante des netten, friedlichen Koalabären dar. Kinder wie Erwachsene dürfen ihn uneingeschränkt liebhaben. Nichts läge den Menschen, die in Bärengebieten mit der wirklichen Natur des Braunbären vertraut sind und mit diesen Raubtieren zu tun haben, ferner, als diese großen Respekt einflößenden Tiere zu Teddys zu verniedlichen.

Schmusebären

Damit scheinen das Phänomen Bär und seine Vervielfältigung in den Teddybären geklärt. Wir haben es bloß mit einer Verwechslung zu tun. Für die Problematik der Wiederkehr wirklicher Bären sollte also der niedliche Koalabär im Kinderzimmer oder auf dem Familiensofa keine Rolle spielen. Doch es spricht einiges gegen eine derart einfache Lösung. Die besondere Wertschätzung des Bären hat weder von Australien ihren Ausgang genommen, noch liegt dort, in der Heimat der Koalas, ihr Zentrum. Schmusebären gab es längst, bevor Australien und die Koalas vor gut 200 Jahren von Europäern entdeckt worden waren. Die Bärenbegeisterung erstreckt sich ziemlich genau über jenen Großraum hinweg, in dem die beiden hauptsächlichen Bärenarten, der Braunbär und der Eisbär, natürlicherweise vorkommen. Nicht Australien und die nahe Südsee sind Teddyland, sondern Nordamerika, Europa und Nordasien. Vielleicht empfinden Menschen aus anderen Regionen der Erde, in denen es, wie in Schwarzafrika, keine Bären gibt und auch niemals welche gegeben hat, die Zoo- und die Teddybären gar nicht so anziehend wie wir? Kann es sein, dass die bis zur Verehrung reichende Begeisterung für Bären gar nicht kulturbedingt ist, sondern weit zurückreicht in unsere Vergangenheit, als die Steinzeitmenschen noch

im Eisland in unmittelbarer Nachbarschaft mit Bären zu-
sammenlebten? Die Menschen suchten dieselben Höhlen auf
wie die Eiszeitbären. Sie überlebten die Winterkälte einge-
hüllt ins Bärenfell, auf dem wahrscheinlich auch die meisten
Kinder geboren wurden und sich an den Haaren nach Art von
Primatenbabys festgeklammert haben. An den Müttern selbst
ging das nicht, weil die Menschen längst kein eigenes Fell
mehr trugen. Darin unterscheidet sich der Mensch von allen
anderen Primaten. »Nackter Affe« nannte ihn recht despek-
tierlich (und ziemlich falsch) der Erfolgsautor Desmond
Morris in der zweiten Hälfte des 20. Jahrhunderts, als die
Verhaltensforschung nachwies, dass neugeborene Menschenkinder den alten, für die Affenverwandtschaft (Primaten)
typischen Klammerreflex zeigen, mit dem sie sich am (bei
der Menschenmutter eben nicht mehr vorhandenen) Fell als
»Tragling« festhalten. Dank dieses angeborenen Reflexes
kann man Babys an eine Wäscheleine hängen und sich festhalten lassen. Dieser Reflex kann also durchaus noch bis vor
10 000 Jahren oder 500 Menschengenerationen überall dort
bedeutungsvoll gewesen sein, wo die Mütter ihre Babys und
Kleinkinder auf den weiten Wanderungen mitzutragen hatten. Die Kinder konnten sich an den langen Haaren des Bä-
renfells festklammern und so in vielen Positionen beim Ge-
tragenwerden Halt finden, ohne dass sie die Mutter nur im
gewinkelten Arm mitschleppen hätte können. Das Bärenfell
mag auch eine »kuschelige Wärme« am nackten Körper der
Mutter erzeugt haben. Erst viel später, nach der Erfindung
der Webekunst und mit gefertigten Tüchern, wurde das »Wi-
ckeln« möglich. Die »Naturmenschen« tropischer Gebiete

*Eines der »Urbilder« des Teddybären. Unzählige Nachahmungen
stammen davon ab. (© Foto: Margarete Steiff GmbH. Aus: Eva &
Ivan Steiger. 100 Jahre Teddybär. München: LangenMüller 2002)*

unserer Zeit geben für das Leben in der Eiszeitkälte ganz sicher kein direktes Vorbild ab. In der Kältezeit, im Winterhalbjahr, wären die Babys und Kleinkinder erfroren, hätten sie so wenig oder ganz unbekleidet leben müssen wie die Kinder von Amazonas-Indios. Im Sommerhalbjahr wären sie von den Mücken »aufgefressen« worden, denn in den Frostbodengebieten entwickeln sich diese Blutsauger in für heutige Verhältnisse kaum vorstellbaren Mengen. Im Eiszeitland lebten sehr viele Großtiere, denen (warmes) Blut abgezapft werden konnte. Der Frostboden taute im Sommer oberflächlich auf und bildete Mückentümpel kaum vorstellbaren Ausmaßes. Die heutigen Verhältnisse in der arktischen Tundra können kaum mehr als ein Abglanz der eiszeitlichen Stechmückenhäufigkeit sein. Unsere gegenwärtigen Lebensbedingungen gibt es aber erst seit einem knappen Zehntel der Zeit, die Menschen schon außerhalb der Tropen leben. 90 bis 95 Prozent der 120 000 bis 150 000 Jahre Existenzzeit unserer Art entfallen auf das »Eiszeitleben«. Der Bärenkult reicht daher sicherlich viel tiefer ins Menschsein zurück, als durch die bloße Verehrung von Bärenschädeln oder in den kultischen Tänzen, die es heute noch in Nordasien und auf Hokkaido gibt, zum Ausdruck kommt. Die Zeit der Zivilisation hüllt lediglich wie ein dünnes Mäntelchen unsere Vergangenheit ein. Es wäre absurd, annehmen zu wollen, dass vom ganzen »Steinzeitleben« nichts weiter übrig geblieben sein sollte als unser unziviliertes Verhalten beim Autofahren.

Zurück zum Koala: Er passte in der Form und als Vorbild bestens zu längst Vorhandenem. Er füllt als Teddybär das aus, was Menschenkinder in der Eiszeitwelt von Generation zu Generation durchlebten und verinnerlichten. Er liefert weit besser als jede Puppe den Ersatz für den verlustig gegangenen, direkten Körperkontakt zur Mutter und er baut in seinem Kunstfell jene beruhigende Geruchswelt auf, die das

Kleinkind zum Einschlafen braucht, weil jeder Atemzug vermittelt, am richtigen Platz zu sein. Der Geruch der Mutter verändert sich je nach Art der Inanspruchnahme und Umfang des Schwitzens in einer Welt, in der es nur sehr begrenzte Möglichkeiten gab, sich zu waschen, für das Kleinkind weit stärker als die eigene im Bärenfell aufgebaute Geruchsumwelt. Dem Kleinkind darf der vertraute Geruch nicht weggewaschen werden! Deshalb können auch nur Stoffpuppen, die eine solche Geruchssphäre entwickeln, den Teddybären ersetzen.

Dieser Ausflug in die zur Kunstwelt umgestaltete, engste Lebenswelt des Kleinkindes eröffnet Ausblicke auf eine ganz andere Sphäre, die in der Beziehung zwischen Mensch und Bär wahrscheinlich seit Urzeiten von Bedeutung war und in mancher Hinsicht bis in die heutige Zeit nachwirkt. Nicht Koala und Eukalyptus formten diese Welt in den letzten 200 Jahren, sondern viele Jahrtausende davor die Zeiten, in denen die Menschen auf die Natur angewiesen, ja geradezu von ihr abhängig gewesen waren. Diese Natur wirkt weiter, trotz der inzwischen so veränderten Verhältnisse. Sie erzeugt spontanes Erschrecken beim Auftauchen des Wolfes, der in gefährliche Nähe gekommen ist, sie äußert sich in der Angst vor der Dunkelheit, in der Furcht vor Schlangen und Spinnen und auch in der psychischen Beklemmung, die bei der Überquerung weiter, offener Räume auftritt und manche Menschen geradezu zwanghaft daran hindert, es zu »wagen«, also abzuwägen zwischen Notwendigkeit und Gefahr. Psychologische und stammesgeschichtliche (evolutionsbiologische) Forschung haben vieles aufgedeckt, was mit solchen Ängsten und Zwängen zusammenhängt. Die angenehmen Überbleibsel fanden jedoch im Vergleich zu den Ängsten viel weniger Beachtung, weil das, was uns gefällt, zumeist gar nicht weiter hinterfragt werden muss.

Gummibärchen

Auf seine Weise äußert sich ein solcherart urtümliches Verhalten auch in den Gummibärchen. Sie stellen die geglückte, in ihrer Verlockung ausgesprochen wirksame Verbindung zwischen dem positiven Mythos Bär in der Form des Bärchens und der noch umfassender positiv besetzten Süße dar. Mit Honig kann man Bären in die Falle locken, so sehr schätzen sie die Süße. Mit süßen Produkten die Menschen auch, weil süße Früchte den allergrößten Teil der Existenzzeit der Menschen rar und gesucht waren. Die Natur geizt mit reiner Süße, so scheinbar freigiebig sie sich ansonsten darstellt. Winzige Portionen von Nektar, der in den Blüten schwer erreicht werden kann, dienen als Lockmittel für eine Vielzahl von Insekten, kleinen Vögeln und Fledermäusen. Wer der Verlockung des Süßen erlegen ist, vollzieht in den Blüten die Übertragung des Blütenpollens und erhält damit Fruchtbarkeit und Fortpflanzung. Nektarraub ist seitens der Blüten nicht vorgesehen. Die Portionen werden daher so winzig gehalten, dass sich Raub in größerem Umfang nicht lohnt. Die wenigen Ausnahmen treten unter besonderen Bedingungen auf, etwa wenn Bienenvölker den aus Nektar gewonnenen Honig speichern müssen, um die Zeit ohne Blüten überstehen zu können. Bär und Mensch trafen sich auch immer wieder am Honig. Beide lassen sich von Süßem verführen. Doch anders als die Bären haben wir Menschen in den letzten 200 Jahren das Problem der raren Süße gelöst. Zucker wird seither unter Verwendung von Pflanzensäften, letztlich aber doch künstlich hergestellt. Er ist nun in beliebigen Mengen verfügbar und damit zur Verführung einsetzbar. Die vielfältigsten und unterschiedlichsten Verpackungen von Süßem haben nur den einen Zweck, die Gier nach Zucker zu erhalten und immer wieder neue (geschmackliche) Anreize dafür zu schaffen. Zu

Zeiten, in denen Honig im Wesentlichen die einzige Süße für die Menschen gewesen war, gönnte man selbstverständlich den Bären nichts davon. Das hat sich in unserer Zeit nicht nur gewandelt, sondern Zucker ist zu einer für die menschliche Gesundheit besonders gefährlichen Substanz geworden. Sie verursacht weitaus mehr Schäden (und Kosten) als der aus Zucker gewonnene Alkohol. Guter Honig wäre deswegen allemal besser als billiger Zucker. Im Hinblick auf die Bären ergibt sich daraus jedoch eine Chance, diese weniger direkt mit Interessen der Menschen in Konflikt geraten zu lassen. In der heutigen Zeit könnten Bären beliebig mit Zucker versorgt werden. Sollte es vielleicht Gummibärchen für Bären geben? Wird gar der »Goldbär« zur Rettung des Braunbären? Jäger nutzen seit langem die Gier des Wildes nach Salz aus, um Reh und Hirsch im Revier zu halten und am Abwandern zu hindern. Warum sollte nicht auch die Vorliebe der Bären für Süßes genutzt werden können, sie in bestimmten Bereichen zu halten und vom Abwandern in die Ferne abzuhalten? Ein entsprechender »Goldbär-Sirup« wäre buchstäblich Gold wert und besser als der karamellisierte Zucker namens Bärendreck (Lakritze) für Menschen.

15. Wem gehören »unsere« Großtiere?

Dem Bären Honig um die Schnauze zu schmieren, damit er brav und friedlich bleibt, mag ja ganz lustig klingen. Aber ist das alles nicht viel zu wirklichkeitsfremd? Wer sind eigentlich »wir«, die wir den Bären (wieder haben) wollen? Die wir Wölfe für möglich erachten, den Luchs für nötig, um überhöhte Bestände von Rehen, Hirschen und Gämsen zu regulieren, und die wir auf die Rückkehr der Adler stolz sind. Wir meinen, dass »Bruno«, der Bär, der eine neue Heimat suchte, nicht hätte erschossen werden dürfen. Wir, die wir die Mehrheit sind, bilden uns ein, die Entscheidungsträger hätten sich gefälligst nach dieser Mehrheit richten müssen und nicht auf die kleine Minderheit eingehen dürfen, die den Bären von Anfang an zum Tode verurteilt hatte. Alljährlich spenden wir viele Millionen Euro, um Tiere und Naturräume in Fernost, wo Bären, Wölfe und Tiger noch leben, oder in den Tropen und auf entlegenen Inseln zu retten. Unser Geld soll die Löwen in Afrika, die Leoparden in Vorderasien, den Großen Panda in China und eigentlich alles sonstige Tier- und Pflanzenleben dieser unserer Welt der Gegenwart erhalten. Für die zukünftigen Generationen möchten wir die Natur schützen und wagen meistens nicht, zuzugeben, dass es uns selbst und ganz unmittelbar um diesen Schutz geht. Allein die großen deutschen Naturschutzverbände erhalten Jahr für Jahr etwa 100 Millionen Euro für diesen Zweck gespendet. Global werden Milliarden für den Artenschutz ausgegeben oder sie gehen als mögliche Erträge verloren, weil die beabsichtigte Ausbeutung der Natur untersagt oder stark eingeschränkt worden ist. Die Deutsche Bahn zahlte vor wenigen Jahren in zweistelliger Millionenhöhe, um an der Neubaustrecke von Berlin nach Hannover den letzten Individuen der Großtrappe (*Otis tarda*) das Überleben zu ermöglichen. Zu ermöglichen, muss betont werden, denn eine Sicherheit, dass dies auch gelingen würde, gab und gibt es nicht. In kleineren und größeren Maßstäben gibt es die Schutzbemühungen und die staatlich verordneten Ausgleichszahlungen nach der »Eingriffsregelung«. So blockierte das zeitweise Vorkommen des merkwürdigen, eigentlich sich nur durch die Balzrufe der Männchen verratenden Wachtelkönigs (*Crex crex* – sein wissenschaftlicher Name klingt wie sein Rufen!) die Erschließung einer feuchten Niederung im Hamburger Stadtgebiet und der jahrhundertelang als Flurschädling intensiv verfolgte Feldhamster (*Cricetus cricetus*) »sperrt« Baugebiete in Unterfranken. Namen von Insekten, die, abgesehen von Spezialisten in diesen Gruppen, niemand kennt, reichen aus, so sie in den »Roten Listen gefährdeter Arten« auftauchen, um den Bau von Universitätskliniken wenn vielleicht nicht definitiv zu verhindern, so doch langfristig zu verzögern. Die EU-Richtlinie »Fauna-Flora-Habitat« (FFH) ist Kommunen, Planern und Landbesitzern mehr als nur ein Dorn im Auge, weil sie für die darin aufgenommenen Flächen und Arten die Nutzung weitestgehend oder ganz ausschließt. Der Naturschutz scheint politisch zu einer bestimmenden Macht im Lande angewachsen zu sein. Er ist gefürchtet. Er wird bekämpft. Er wird mit Hamster und Wachtelkönig in den Medien gern lächerlich gemacht. Aber was einmal in Gesetzen und Verordnungen festgeschrieben sowie in der öffentlichen Meinung verankert ist, das »sitzt« eben.

Das Privileg des Landbesitzes

Dieser Anschein trügt. Ganz gewaltig sogar. Schutzbestimmungen greifen, wenn überhaupt, nur dort, wo es sich um öffentliches Gelände handelt, also um Flächen, die im Besitz der Öffentlichen Hand und nicht in Privatbesitz sind. Sie wirken, wenn Firmen etwas erreichen wollen, wenn der Staat selbst (über die Kommunen) Träger der Maßnahme ist oder aber wenn Naturschützer von der Natur ferngehalten werden sollen. Manche Verzögerung bei Baumaßnahmen dürfte der »betroffenen« Kommune oder dem staatlichen Projektträger insgeheim ganz willkommen gewesen sein, weil das Geld gar nicht so vorhanden war oder weil es ohnehin anderweitig eingesetzt werden sollte. Die Öffentlichkeit kann dann mit dem Naturschutz »die Verhinderer« präsentiert bekommen. Wo es um Privatbesitz und -rechte geht, vor allem in den Bereichen Land- und Forstwirtschaft, Jagd und Fischerei, hat die Öffentlichkeit jedoch recht wenig zu sagen. Sie darf sich entrüsten, aber nicht entscheiden. Die Politik hält die schützende Hand über rund 90 Prozent des Landes, seine Besitzer und Nutzungsrechtsträger, die Staatsforsten und staatlichen Gewässer mit eingeschlossen. »Frei« sind die wilden Tiere und die wild wachsenden Pflanzen ausgerechnet dort, wo ihnen von der Natur, in der sie eigentlich lebten und leben können sollten, am wenigsten verblieb: in den Städten, auf den Industriegebieten und wo das Militär den Krieg übt. All den Arten von Tieren und Pflanzen, die sich mit solchen Flächen unseres Landes, die zusammen genommen nur zwischen 10 und 15 Prozent der Gesamtfläche ausmachen, arrangieren konnten, geht es gut. Fast allen anderen dagegen schlecht. Von den wenigen Ausnahmen, die zu den Gewinnlern der Entwicklungen der vergangenen Jahrzehnte in Feld, Wald und Flur gehören, handeln die nächsten Kapitel. Der allergrößte Teil

164

der frei lebenden Arten in der bezeichnend beschönigenden Weise Kulturlandschaft genannten freien Landschaft steht unter Druck, ist rückläufig geworden oder verschwunden. Geschützt zu sein nützt ihnen nichts, wenn sie die erlaubte Praxis der Landnutzung ausrottet. Der Schutzstatus der so betroffenen Arten nimmt ihnen sogar die letzten Helfer weg, nämlich jene Menschen, die sich für Schmetterlinge und Käfer interessieren, für Eidechsen und Schlangen oder für die Muscheln und Krebschen in den Gewässern.

Die zweigeteilte Tierwelt

Was hat diese Klage mit Bär und Wolf, mit Luchs und Fischotter zu tun? Sehr viel! Entscheidend viel. Denn unsere Tierwelt ist zweigeteilt in jagdbar und nicht jagdbar. Diese Teilung ist wichtiger als geschützt oder nicht geschützt. Denn jagdbar bedeutet selbst dann, wenn sie vollkommen geschützt sind, dass die Vorkommen der betreffenden Art einen oder mehrere Besitzer haben. Jagdbare Arten unterliegen dem Jagdrecht. Dieses ist an den Boden, an den Besitz der Fläche gebunden. Den Inhabern der freien, nicht besiedelten Flächen in Wald und Flur gehört das Jagdrecht. Ausüben können sie es jedoch nur, wenn die Fläche zusammenhängend mindestens so groß ist wie die vom Jagdgesetz festgelegte Mindestfläche für ein Eigenjagdrevier und wenn sie dazu auch die Jägerprüfung bestanden und einen gültigen Jagdschein haben. Nichtjäger können daher selbst bei hinreichend großem Landbesitz ihr Jagdrecht gar nicht in Anspruch nehmen und ausüben oder ruhen lassen. Sie werden über die staatlich vorgegebenen Abschusspläne, die zu erfüllen sind, zur Jagd verpflichtet. Ansonsten wird ihnen das Jagdrecht entzogen. Bei der Besatzpflicht von Gewässern und der

Fischereiausübung verhält es sich ganz entsprechend. Das Fischereirecht ist gleichfalls an die Besitzverhältnisse gebunden. Die Bevölkerung hat hier nichts zu sagen, auch wenn sie die große Mehrheit bildet. Sie kann ihre Meinung äußern, aber damit das Besitzrecht nicht in die Knie zwingen. Die gesetzliche Verankerung der sogenannten Sozialpflichtigkeit des Eigentums war schon schwierig genug, als es um Klärung ging, ob Feld und Flur wenigstens auf den vorhandenen Wegen und der Wald wie auch die Ufer von größeren Gewässern, von Seen und Flüssen oder Stauseen also, von der Öffentlichkeit grundsätzlich betreten werden dürfen. Wer das Land hat, hat das Sagen. Dieses Diktum blieb trotz geringfügiger Einschränkungen bestehen. Die vielleicht fünf Prozent der Gesamtbevölkerung, denen die Wälder und Fluren zum weitaus größten Teil gehören, bestimmen somit letztendlich darüber, welche Arten von Tieren und Pflanzen in »unserer« Natur überleben können und welche Häufigkeit diese Arten annehmen dürfen. Denn sie ist nicht »unser«, die Natur! Uns gehören (als Kommunen) die Städte und Dörfer, die Verkehrsanlagen und die Industriegebiete. Unseren wertvollsten Naturbesitz stellen paradoxerweise die militärischen Übungsgebiete dar. Wir sollten sie verteidigen!

Allerdings überlagern andere Rechtssysteme dieses historische Recht an Grund und Boden. Das zeigten die oben angeführten Beispiele von nicht jagdbaren Insekten und des Feldhamsters. Die Großtrappe ist zwar jagdbar, aber ganzjährig geschützt und somit auf absehbare Zeit auch nicht zu »nutzen«. Arten, die in die Fauna-Flora-Habitat-Richtlinie der Europäischen Union gehören oder die dem Europäischen und Internationalen Artenschutz unterliegen, wie der Braunbär, der Stein- und Seeadler und mehrere andere hier behandelte europäische Großtiere, können somit nicht mehr einfach nach dem Prinzip, wer das Jagen hat, der hat auch das

Sagen, behandelt werden. Das mit der Jagd- oder Fischereiausübung gegebene Nutzungsrecht kann durchaus von »höheren« Rechtssystemen eingeschränkt werden. Der Adler
darf dann zwar nicht im Revier abgeschossen werden, aber
jede Feder, die er verliert, jedes Gewölle, das er von sich gibt,
und er selbst, wenn er stirbt, ist und bleibt Besitz des Revier-
inhabers. Diese rechtlichen Verhältnisse schränken die Möglichkeiten (und Notwendigkeiten) der wissenschaftlichen
Forschung so sehr ein, dass es sich vielfach gar nicht lohnt, an
seltenen heimischen Wildarten forschen zu wollen, weil die
davor zu überwindenden Schwierigkeiten einfach zu groß
sind. Gäbe es nicht einige Besitzer sehr großer Jagdreviere,
die selbst ein starkes Interesse an der Forschung haben und
die diese gezielt fördern, stünde es wirklich schlecht um die
deutsche wildbiologische Forschung. In einem afrikanischen
Nationalpark geht Grundlagenforschung leichter als in einem deutschen Wald.

Folgerungen für die Rückkehr der Wildtiere

Aus dieser stark vereinfachten Darstellung – und nur dies,
nicht eine Auslegung des weitaus komplizierteren Jagd- und
Fischereirechts, war der Zweck – geht hervor, dass wir die
mögliche Rückkehr der größeren und großen Wildtiere Europas anders betrachten müssen als den Schutz von Singvögeln oder Schmetterlingen. Der entscheidende Unterschied
liegt nicht in ihrer Größe, sondern in den Rechtssystemen, in
die sie eingebunden sind. Nur wenige der größeren Tierarten
können in der Menschenwelt der Siedlungen und Städte geschützt vor Verfolgung und Bejagung leben. Anfeindungen
bleiben auch dort nicht aus. Die herrlichen Wanderfalken, die
Tauben jagen, werden angefeindet, wenn es sich bei ihrer Fal-

kenbeute einmal nicht um die dafür »vorgesehenen« Stra-
ßentauben handelt, sondern um eine vom Fernflug viel zu
entkräftet zurückgekehrte Brieftaube. Automarder bleiben
geduldet, trotz der immensen Schäden, die sie anrichten, und
der Kosten, die sie mit zerbissenen Kabeln verursachen. Die
Jäger fanden trotzdem keinen Einlass in die Städte. Nun versuchen sie es über das Horrorszenario mit dem Kleinen
Fuchsbandwurm, den die Füchse in die Städte tragen könnten. Wie sehr die an frei lebenden Tieren reiche Stadt zum
Jagen reizt, selbst wenn die Bejagung unter den jagdethisch
unwürdigsten Bedingungen auf futterzahme und menschen-
freundliche Gänse oder Enten durchgeführt wird, zeigt sich
jeden Spätherbst im Nymphenburger Park in München. Da
knallt es morgens zur Zeit der Stille der Friedhofsgräber »lustig« wie zu Silvester. Erschreckte Vögel fliegen rat- und ziel-
los umher. Der Park ist leider groß genug, um von der staatlichen Verwaltungsbehörde als Eigenjagdrevier geführt zu
werden. Die Proteste der Bevölkerung nützten bislang nichts.
Die Gänse und Enten sollten halt lernen, wie die Weißwedel-
hirsche in Nordamerika, mit Beginn des wilden Jagens gleich
hinauszueilen in die benachbarten Privatgärten und darin
abzuwarten, bis der böse Spuk vorbei ist. So etwa mag der
fromme Wunsch der großen Mehrheit der nicht jagenden
Bevölkerung lauten, die nicht nur 98 Prozent der Menschen
unseres Landes repräsentieren, sondern auch so gut wie ausschließlich die Parkbesucher. Sie werden nicht gefragt, was sie
von der Jagd auf die vertrauten, futterzahmen Gänse halten.
Darüber entscheiden leider ganz andere.
   Es dürfte leicht fallen, aus solchen Ausführungen eine
grundsätzliche, tief sitzende Feindschaft zur Jagd herauszu-
lesen. Viele Menschen haben sie in der Tat entwickelt, und das
aus nachvollziehbaren Gründen. Wer in die letzten Oasen der
Sicherheit für Wildtiere ohne zwingende Not und ohne kla-

ren Mehrheitsauftrag der Bevölkerung eindringt, darf nichts anderes erwarten.

Hier geht es jedoch wirklich nicht um eine allgemeine Verdammung der Jagd. Das Schießspektakel im Münchner Nymphenburger Park ließe sich zu Ehren der Jagd als solcher ohne weiteres beenden. Worum es geht, zeigen die folgenden Kapitel. Aus ihnen geht hervor, wie erfolgreich sich bestimmte Wildtierarten in neuerer Zeit wieder erholt und zugenommen haben. Aus den zugrunde liegenden Vorgängen kann man, zumindest in Ansätzen, die Zukunft der Großtiere in unserem Land und in Mitteleuropa erkennen. Volksbegehren für den Bären werden nichts zuwege bringen, wenn die rechtlichen Grundlagen der Landnutzung dabei missachtet werden. Alle Bemühungen werden zum Scheitern verurteilt sein, wenn die Jäger nicht »mitmachen«. Ob es unrealistisch ist, auf eine Allianz mit den Jägern zu hoffen, sollen die letzten Kapitel erörtern. Sie werden unter dem Motto stehen »Wer den Bären wiederhaben will, braucht Jäger, die ihn nicht schießen, sondern die ihn schützen«! Das gilt für Luchs und Wolf genauso. Die einzige Alternative dazu bestünde darin, die Naturschutzverbände würden sich einig, kauften entsprechend große, zusammenhängende Ländereien, auf denen sie die erwünschten Tiere leben lassen können. Beides ginge im Prinzip. Geht es auch in der Praxis?

IV.
Die Zukunft der Großtiere

16. Hirsche als »Großgehege-Wild«

Der Rothirsch ist fast überall in Mitteleuropa das größte und zumeist auch das bedeutendste Wild. Trotz seiner Größe und Auffälligkeit herrschen jedoch höchst unterschiedliche Ansichten über den Bestand an Hirschen und ihre Zukunftsaussichten in den verschiedenen Rotwildgebieten. Viel zu viele Hirsche gibt es, meinen fast ausnahmslos Förster und Waldbesitzer. Sie möchten die passende Häufigkeit des Schalenwildes am Waldzustand bemessen, meinen damit aber die gepflanzten Forste mit Ausrichtung auf Holzertrag. Am besten sollte darin jedes Bäumchen möglichst rasch groß und stark und »erntereif« werden. Das geht in der Natur nicht und es ist auch im bestversorgten Forst nicht möglich. Bäume wachsen nicht im Glashaus. Sie sollen das wohl auch nicht. Auch der Forst muss Wald bleiben und unterschiedlichste Funktionen erfüllen. Das Vorbild dafür hat der Staatsforst zu sein, der angeblich uns Bewohnern dieses Landes gehört. Welche Mehrheit hat festgelegt, dass das Hauptziel die rentable Holzproduktion im Staatsforst zu sein habe? Aus der Sicht der Öffentlichkeit, welcher angeblich der Staatswald gehört, gibt es zahlreiche andere Funktionen. Ganz wesentlich und keinesfalls zuletzt gehört das Wild dazu. Die Bevölkerung meint damit Wild, das sie sehen und in Ruhe beobachten kann, und nicht eine unbedeutende Bestandsgröße von einem Stück Rotwild pro zig Quadratkilometern, was das Tier unsichtbar machen würde, sondern Wildtiere in erlebbarer,

Der Rothirsch, das wohl eindrucksvollste Wildtier Mitteleuropas, verdient mehr Lebensraum.

172

durchaus auch in jagdlich nutzbarer Häufigkeit. Soweit die Forderung, die man als Staatsbürger erheben darf. Wie sieht es mit ihrer Umsetzung aus? Sie ist eine Wunschvorstellung und dennoch Wirklichkeit. Wie eingangs schon ausgeführt, haben wir gegenwärtig so viel »Schalenwild« in Deutschland wie seit vielen Jahrhunderten nicht mehr. Hirsche und Rehe gibt es so viele, dass die Jagd häufig nicht einmal das Ziel, einen weiteren Anstieg der Bestände zu verhindern, erreichen konnte. Das braucht in diesem Kapitel nicht wiederholt zu werden. Wichtiger ist die räumliche Verteilung im Land. Bleiben wir zunächst beim Rothirsch. Außerhalb der Gebirge, wo kaum Zäune die örtlichen Vorkommen einschränken, gibt es seit vielen Jahren festgelegte, klar abgegrenzte Rotwildgebiete. Viele der außeralpinen Vorkommen, wenn nicht so gut wie alle, sind darin eingeschlossen wie auf ozeanischen Inseln. Ein mehr oder minder regelmäßiger Austausch der Hirsche von Gebiet zu Gebiet findet nicht mehr statt, weil Zäune, Straßen oder andere, nicht zu überwindende Hindernisse die lokalen Vorkommen voneinander isolieren. Eine genetische Verarmung ist indessen dennoch nicht zu befürchten, weil Rotwild im Wintergatter leicht eingefangen und »umgesetzt« werden könnte. Die Verinselung wirkt auf andere Weise. Ihrer Natur nach würden die Hirsche in den meisten Gegenden Mitteleuropas zwischen Sommer- und Wintereinständen wandern. Selbst recht natürliche Hochwälder bieten ihnen im Winter zumeist zu wenig Nahrung. Ursprünglich bildeten die Flussauen das Ziel der spätherbstlichen Wanderungen der Hirsche. Von den alpinen Vorkommen führten sie in die Täler und auf das Vorland hinaus, wenn der Schnee zu tief geworden war. In den Auen gibt es naturbedingt im Herbst Überschüsse in der Vegetation, die im Winter genutzt werden können, ohne die Wüchsigkeit dieser Feuchtwälder zu beeinträchtigen. Das komplizierte Netzwerk an Hindernissen, welches von den Menschen über die Landschaften in Form von Straßen, Bahntrassen, Siedlungen und Kanälen, einschließlich eines auf festen Grenzen aufbauenden Revierjagdsystems, gelegt worden ist, unterbindet diese ausgleichenden, den Druck auf die Vegetation vermindernden Wanderungen. Das klingt überzeugend und war auch richtig. Was »war«, ist jedoch heute vielfach nicht mehr so. Die Produktionsverhältnisse in den Landschaften haben sich geändert. Was das heißt, klärt ein Seitenblick auf das flächenhaft verbreitete Reh.

Winternahrung der Rehe

Das Reh ist zwar nicht einfach eine verkleinerte Ausgabe des Hirsches, aber doch ähnlich genug, um auszudrücken, worum es geht. Rehe haben vielerorts die Möglichkeit zu wählen, wohin sie ziehen. Denn sie sind nur ausnahmsweise von Wildgatter in eine Art von Großgehege eingeschlossen. Wo an offene Fluren von wenigstens einigen Quadratkilometern Größe Wälder angrenzen, können Rehe durchaus »wählen«, wohin sie sich begeben. Betrachten wir den Fall eines normalen Fichtenforstes (Hochwald) auf der einen Seite der offenen Flur und eines auch aus der Sicht des Naturschutzes sehr reichhaltigen, gut wüchsigen Auwaldes auf der anderen. Den Rehen wurde im betrachteten Gebiet im niederbayerischen Inntal südlich von Passau im Winter selbstverständlich von den Revierinhabern in Vollzug der Hegeverpflichtung auch Feines an den Winterfütterungen geboten, wie Kraftfutter und Salzsteine. Die Futterstellen waren möglichst störungsfrei in den Wald bzw. Auwald hinein verlegt. Doch was machten die Rehe? Sie wählten ausgerechnet den auch von Naturschützern als besonders günstig erachteten Auwald ab und bevorzugten nach Ende der Jagdzeit im Hoch- und Spätwinter ganz klar die offene Flur. Dort sammelten sie sich, auch wenn es stürmte und schneite, zu den bekannten »Feldrehrudeln«. Meistens taten sich die Rehe nur in den Ackerfurchen nieder. Sie suchten nicht einmal Reste von Deckung auf, obgleich immer wieder einmal Menschen mit Hunden spazieren gingen. Kamen diese zu nahe, standen die Rehe zwar auf und wichen mitunter auch ein Stück weit aus, ohne aber deshalb panikartig die Flucht zu ergreifen. Sie sahen das Nahen von Menschen und Hunden, stellten sich so rechtzeitig darauf ein und warteten ab. Zu Fluchten, die an ihren Kräften zehren, kam es höchst selten einmal. Auf 100 Hektar bezogen, hielten sich auf der offenen Feldflur drei- bis fünfmal so viele Rehe wie im Hochwald und im Auwald auf. Wahrscheinlich wären alle Rehe auf die Flur herausgekommen, hätten nicht Kraftfutter und Salzlecken einen Teil des Bestandes in den Forst und in den Auwald zurückgelockt. Die Erklärung für dieses merkwürdige Verhalten ist ganz einfach: Mit Wintersaat und Raps bot – und bietet (!) – die Flur im Winter und im zeitigen Frühjahr weit mehr und viel besseres frisches Grün als die Wälder gleich welchen Typs. Im Wald können die Rehe in winterkalten Regionen mit Schneelage kaum anderes finden als Knospen und Baumrinde. Draußen auf der Flur aber haben sie ganz nach Bedarf gehaltvollen Winterweizen, Roggen und Raps. Selbst Rohfasern, die sie in gewissem Umfang für ihre Verdauung benötigen, sind vorhanden, wenn die Fluren nicht weithin völlig kahle Äcker sind. Hirsche brauchen zwar erheblich mehr Rohfasern für ihre Verdauung. Sie werden aber überall die ihnen zuträglichste wählen, wenn sie können. Im Wald müssten sie wirklich nicht ausschließlich leben, wenn die Fluren genug oder Besseres bieten. Aus diesen Gründen legten die Jäger in den Wäldern vielfach Wildäcker an, wo immer das

176

Rehe können in Feld und Flur sehr wohl gut leben. Sie müssen nicht mit Fütterungen in den Wald gelockt werden.

ging, oder sie versuchten, solche an den Waldrändern pachten zu können. Bleibt das Wild aber weitgehend auf den Wald angewiesen, weil es nicht auf die Fluren darf, erzeugt das zwangsläufig Schäden. Das beweisen solche Reviere, in denen Fluren, Wald und Wild nicht »getrennt« werden, sondern als Einheit behandelt werden. Wo den Hirschen genügend nahrungsreiche Freiflächen zur Verfügung stehen, verbeißen sie den Wald nicht wesentlich. Das Hirschgebiet »Brohmer Berge« bei Strasburg in Vorpommern ist ein eindrucksvolles Beispiel hierfür.

In der zweiten Hälfte des 20. Jahrhunderts haben die Bestände von Rehen, Gämsen und Hirschen so stark zugenommen, dass von einer Gefährdung des Schalenwildes insgesamt überhaupt nicht (mehr) die Rede sein kann. Der Ausgleich von Wildschäden, die durch die Mitnutzung der Fluren durch Rehe, Hirsche und Wildschweine angerichtet werden, ist

jagdgesetzlich geregelt. Hirsche müssten also nicht in »Rotwildgebiete« eingesperrt bleiben. Die moderne Landwirtschaft hat ihnen unbeabsichtigt stark verbesserte Lebensmöglichkeiten geschaffen, günstigere als in den früheren
Zeiten; vielleicht seit Jahrtausenden! Es liegt an der Natur der
Wälder, insbesondere an der Art, wie die Bäume wachsen,
dass sie so viel empfindlicher auf Wildverbiss reagieren als die
Gräser, zu denen auch das Getreide gehört. Die Zentren für
das neue Wachstum, die Knospen, legen die Bäume wie sehr
viele andere Pflanzen außen an den Randbereichen der
Sprosse an. Die Versorgung des Wachstums geschieht über
die Rinde, nicht durch das Holz. Auch die größten Waldbäume umgibt nur eine dünne, kaum millimeterdicke Hülle
von lebendigem Gewebe, die eigentliche Rinde. Nach innen
zu gibt sie Holzzellen ab. Das macht den Baum dicker und
lässt ihn höher wachsen. Nach außen bildet sich die ebenso
tote Borke, die als mehr oder weniger rissige Schutzschicht
die lebendige Rinde umgibt. An dieser und in aller Regel nur
an dieser lebenden Rinde sind die Hirsche, Rehe, Biber und
Hasen interessiert, wenn sie die Bäume benagen. Sie enthält
die für ihre Verdauung verwertbaren Inhaltsstoffe, nicht das
Holz oder die Borke. Im herbstlich dürr gewordenen Bo-
denbewuchs, welcher den Waldboden bedeckt, bleibt wenig
davon übrig. Von diesem dürren Zeug lässt es sich nicht gut
leben. Die jungen Triebe des Wintergetreides und die den
Winter über grün bleibenden Blätter des Rapses bestehen
hingegen aus dem am besten für Pflanzenfresser nutzbaren
Material. Beide enthalten sogar für Pflanzenkost ziemlich viel
Eiweiß. Größenordnungsmäßig würde eine Flur mit Winter-
getreide und Raps das rund Hundertfache an guter Nahrung
verglichen mit einem gewöhnlichen Forst bieten. Gräser vertragen den Verbiss, weil ihre Wachstumszentren geschützt
unter der Bodenoberfläche und nicht außen gut erreichbar

liegen. Der Auwald ist deswegen im Winter meistens auch nicht besser, außer es gibt reichlich Flachwasser mit wintergrünem Pflanzenwuchs darin. Sein einziger Vorteil besteht darin, dass sein üppig aufwachsender, geradezu wuchernder Jungwuchs ungleich mehr Verbiss durch das Wild verträgt als die forstlich gezielt gepflanzten Bäumchen in den Schonungen. Deshalb fällt der Verbiss in den Auwäldern auch weit weniger auf, falls man ihn überhaupt bemerkt. Für die Holzerzeugung spielen die Auwälder zumeist keine Rolle. Man könnte mit ihnen kalkulieren, wenn es um spezielles Wild geht, nämlich um den aus dem Osten vordringenden Elch (*Alces alces*).

Seitenblick auf den Elch

Der Elch ist auf solchen Wuchs, sumpfiges Gelände und Wasserpflanzen eingestellt. Die Weidentriebe darf er rupfen. Sie würden in den Flussauen ohnehin von den Eisschollen der spätwinterlichen Hochwässer angeschnitten und gerupft werden. Diese Bäume können auch aus den Wurzeln und von Stellen, die zeitweise unter Wasser stehen, wieder austreiben. Reh und Hirsch brauchen hingegen in größerem oder zumindest in ausreichendem Umfang Zugang zur Flur, um nicht zu starkem Verbiss gezwungen zu sein. Den Rehen wird diese Neigung, hinauszuziehen, jedoch weithin durch verstärkte Bejagung ausgetrieben. Wer sich offen zeigt, läuft Gefahr, dem Hegeabschuss anheimzufallen. Die Rehe verlassen daher vornehmlich dann den schützenden Wald, wenn die Jagdzeit beendet ist. Für viele Schäden, die sie im Wald verursachen, ist das zu spät. Wo aber die durch Abschüsse einzustellende Rehwild-Bestandsdichte auf die Waldfläche allein bezogen bleibt, wird genau dieser notwendige, die

179

Vegetation insgesamt schonende Wechsel unterbunden. Oder er bleibt im günstigsten Fall rechnerisch unberücksichtigt. Die Hirsche sollen auch gar nicht in die offene Flur, sondern höchstens im Wald auf Lichtungen »austreten«. Dass sie andernorts in völlig baumloser Umgebung gut, an der Geweihentwicklung und den Körpergewichten gemessen sogar bestens leben, wird nicht zur Kenntnis genommen, weil der Hirsch in den Wald »gehört«! Das Rotwild vernichtet jedoch auch jagdlich »unkontrolliert« die Wälder nicht so, wie angenommen wird. Das haben die ein ganzes Jahrhundert überspannenden Untersuchungen im Schweizerischen Nationalpark im Engadin gezeigt. Dort werden die Hirsche nicht bejagt und auch nicht am Abwandern aus dem Park gehindert. Sie haben weder die dortigen Bergwälder ruiniert, noch deren Funktion als Schutzwald gegen Lawinen und extreme Hochwasserabflüsse beeinträchtigt. Daher wäre es im Interesse von Jagd, Rotwild und all den vielen Menschen, die Hirsche eindrucksvoll und schön empfinden, wirklich an der Zeit, das bisherige System von festgelegten, eingeschränkten Rotwildgebieten freimütig und gründlich zu überdenken. Auch die Wildschäden sollten nicht allein am »Vegetationszustand« bemessen werden. Denn dieser stellt in aller Regel eine forstliche, also künstliche Vorgabe dar. Flexiblere, weniger auf Jagdbehörden und Forstverwaltungen bezogene Regelungen würden die benötigten Spielräume eröffnen, die das Vordringen anderer Wildarten oder die Rückkehr von Raubtieren ermöglichen. Wie es ganz ohne gebietsbezogene Regelung ganz von selbst gehen kann, führte eine andere Schalenwildart vor, die ihrer Körpermasse nach dem Rotwild kaum nachsteht und jedenfalls das Reh an Gewicht ganz erheblich übertrifft. In der Jagdsprache heißt dieses Wild Schwarzwild, ansonsten Wildschwein (*Sus scrofa*).

17. Wildschweine in der Großstadt

Rotte von Wildsauen überfällt Schrebergarten«. Solche und ähnliche Schlagzeilen liefert die Boulevardpresse seit einer Reihe von Jahren immer wieder. Mit Wildschweinen muss nicht nur in den Außenbezirken von Berlin gerechnet werden, sondern auch andernorts in zunehmendem Maße. Denn der Bestand an Schwarzwild hat ganz enorm zugenommen. Allein in Bayern stieg der Jahresabschuss von zweieinhalb bis dreitausend Stück pro Jagdjahr in den 1970er-Jahren auf um die 50 000 Wildschweine in den letzten Jahren. Zwar flacht die Zunahme ab, aber am Ende ist sie sicher noch nicht angelangt. Auch intensivierte Sauenbekämpfung schaffte es nicht, die Zunahme zu verhindern. Über die Gründe gibt es recht unterschiedliche Ansichten. Jeder Wildschweinjäger wird eine eigene Meinung dazu äußern können und wollen. Kaum einer wird aber die bemerkenswerte Parallelität bemerken: Die Wildschweinbestände stiegen in dem Maße an, in dem unser Land überdüngt worden ist. Am bedeutendsten ist dabei der Stickstoff. Er kommt aus drei Quellen übers Land (und die Wälder), die auch verschieden wirken, weil die Hauptmenge an nährendem Stickstoff zu verschiedenen Zeiten eintrifft. Die erste und bekannteste Quelle ist die Düngung der Fluren mit Mineralstickstoff, also mit Kunstdünger. Die zweite die Gülle und die dritte Quelle öffneten Motoren und Heizkraftwerke. Dem Mineraldünger ist die gewaltige Steigerung der landwirtschaftlichen Erträge in der Nachkriegszeit, speziell in den 1950er- und 1960er-Jahren zu verdanken. Mit der Umstellung auf die Schwemmentmistung kam seit den 1970er-Jahren die Gülle hinzu. Sie über-

trifft inzwischen in ihrer Gesamtmenge den Kunstdünger-
einsatz in weiten Teilen Mitteleuropas. Doch unbemerkt
düngt seit vielen Jahren eine weitere Stickstoffquelle mit.
Heizkraftwerke verbrennen Luftstickstoff mit, wie auch die
Motoren von Kraftfahrzeugen, die in hohen Drehzahlen laufen. Diese diffuse Quelle verteilt düngende Stickstoffverbin-
dungen in solchen Mengen, wie sie vor dem Zweiten Weltkrieg als »Vollwertdüngung in der Landwirtschaft« gegolten
hatten. Die durch solche Verbrennungsvorgänge entstandenen Stickoxide gelangen mit Regen und Schnee in den Boden.
Die Überdüngung, die aus diesen drei Quellen zustande
kommt, verstärkt das Wachstum der Pflanzen. Manche können damit auch ihren Gehalt an Eiweiß steigern, weil Stick-
stoffverbindungen zur Herstellung der Eiweißgrundstoffe,
der Aminosäuren, nötig sind. Nun wäre es am besten, die
Landwirtschaft könnte ihre Düngung darauf einstellen und
zeitlich so einrichten, dass die Nährstoffe zur Zeit des Be-
darfs, also bei starkem Wachstum, in der benötigten Menge
zur Verfügung stehen. Das geht aber praktisch nur mit Kunstdünger beim Düngen des Getreides im Frühsommer. Seit fast
20 Jahren steigt daher auch die Menge des verwendeten
Kunstdüngers nicht mehr an. Die Gülle fällt hingegen in ihren Hauptmengen zu den falschen Zeiten an, nämlich am
Ende des Winters, wenn die Depots geleert werden müssen,
wieder vor Beginn des Winters im Spätherbst, wenn sie für
diesen leer sein sollen, und dazwischen im Hochsommer,
wenn abgeerntete Flächen freigeworden sind. Die Heizkraftwerke verbrennen am meisten Luftstickstoff im Winter,
der Autoverkehr bringt Höchstwerte im Hochsommer, also
auch nicht gerade zur idealen Zeit für das Wachstum. Die
Folgen sind eine insgesamt starke Überdüngung magerer
Flächen und ein Wuchern der Vegetation, wo sie nicht länger
intensiv genutzt wird. Das kommt einigen Tierarten und na-

türlich solchen Pflanzen zugute, die viel Stickstoff benötigen. Gewinner sind Wiederkäuer, insbesondere Reh und Hirsch. Aber auch die Wildschweine profitierten, weil sie in mageren Zeiten nun bessere Nahrung finden. Für sie entstanden zudem ganz besonders günstige Verhältnisse, als der Maisanbau in den 1970er-Jahren ins Land kam und sehr stark ausgeweitet wurde.

Wildschweine profitieren vom Mais

Der Mais ist der Anbaufläche nach seit 1990 schon an die dritte oder zweite Position nach dem Weizen aufgerückt. Wo Körnermais angebaut wird, bekommen die Wildschweine noch eine spätherbstliche Mast konkurrenzfrei geboten. Zur Fortpflanzungszeit bieten ihnen die dichten Maisbestände eine erstklassige Deckung. Wie immer gibt es in der Natur (und in der Menschenwelt) bei Veränderungen nicht nur Verlierer, sondern auch Gewinner. Es ist mehr als nur eine feine Ironie, dass neben uns Menschen, die wir seit Jahrzehnten vergleichsweise sehr billig gewordene, im Überfluss vorhandene Grundnahrungsmittel genießen, die Wildschweine zu den Gewinnern zählen. Sie sind uns in ihrer Verdauung nämlich recht ähnlich. Bei den in dieser Hinsicht viel empfindlicheren Pferden muss hingegen darauf geachtet werden, dass sie nicht zu viel von dem sehr eiweißreich gewordenen frischen Grün abbekommen. Die Pferdehalter wissen das. In der Ursprungswelt der Hauspferde, den zentralasiatischen Steppen, würde man in Unkenntnis dieser Veränderungen aus jüngster Vergangenheit verständnislos den Kopf schütteln und gute Weidegründe als Geschenk des Himmels betrachten. Für einige Arten größerer Wildtiere haben sich also die Lebensbedingungen sehr zu ihren Gunsten verändert.

183

Auf die Bedeutung des Rückgangs der Waldweide von Vieh ist bereits hingewiesen worden. Großflächig sind somit die Rahmenbedingungen für große Tiere mit hohem »Flächenbedarf« an Lebensraum günstiger geworden. Die Großen sind die Gewinner, die Kleinen die Verlierer!

18. Warum könnten auch Elch & Co. wiederkommen?

Die Antwort auf diese Frage ergibt sich bereits aus dem vorangegangenen Kapitel. Wo Pflanzen besser als in früheren Zeiten wachsen können und zugänglich bleiben, sollte es nicht wundernehmen, dass auch die größte Hirschart durchaus bei uns leben kann. Ihre neuen Vorkommen in Niederösterreich nahe der Grenze zu Tschechien beweisen dies genauso wie die fortschreitende Ausbreitung des Elchs von Polen her west- und südwärts. Eine Anmerkung ist hier angebracht. Sie betrifft die Klimaerwärmung der Gegenwart und die Diskussion ihrer Folgen. Der Elch ist ohne Zweifel eine »nordische Hirschart«. Anders als beim Rothirsch gibt es keine »südlichen Elchvorkommen« in Europa und Asien oder in Nordamerika. Sein Areal beginnt, von Deutschland aus gesehen, in Polen, dem Baltikum und Skandinavien. Über Weißrussland und Russland reicht es in den Fernen Osten und es erstreckt sich mit der nordamerikanischen Unterart in die dortigen nordischen Wälder der Taiga. Eine Ausbreitung nach Südwesten und Süden widerspricht der Klimaerwärmung. Genau das Gegenteil, ein Rückzug in kältere Gebiete, müsste eigentlich auftreten. Doch die Elche sind nicht allein mit ihren Verstößen gegen die Erwartungen. Verschiedene andere Säugetiere und zahlreiche Vogelarten rückten in ähnlicher Weise süd- und westwärts vor, als würde das Klima kälter geworden sein. Die Wärme liebenden Arten ziehen sich hingegen zurück.

Vögel und Klimaerwärmung

Der Widerspruch lässt sich leicht aufklären. Die Erwärmung des Klimas bezieht sich auf meteorologische Temperaturmessungen. Für warmblütige Säugetiere und Vögel liegt die Lufttemperatur praktisch immer erheblich unter ihrer Körperinnentemperatur, sodass sie »dazuheizen« müssen. Bei den Temperaturansprüchen der Bären wurde dies schon behandelt. Für Ausbreitung oder Rückzug von Säugetieren oder Vögeln sind andere Umstände viel maßgeblicher. Am wichtigsten sind Menge, Verfügbarkeit und Qualität der Nahrung. Die von Insekten lebenden Singvögel ziehen nicht deshalb zum Überwintern in den Süden, weil es ihnen hier zu kalt würde, sondern weil es zu wenige Insekten im Winter für sie gibt. Wer die kleinen Kerbtiere zu finden versteht, wie die kleinsten unserer Singvögel, das Wintergoldhähnchen (*Regulus regulus*) und der Zaunkönig (*Troglodytes troglodytes*), kann auch hierbleiben. Die Spinnengelege mit ihrem hohen Fettgehalt, die Puppen oder Eier von Insekten an Ufern und im dichtesten Gebüsch ergeben eine gute Winternahrung mit hohem Brennwert für diese Winzlinge. Umgekehrt mangelt es den Wärme liebenden Vögeln im Frühsommer und Sommer nicht an Wärme, sondern auch an Insekten, wenn der Boden zu dicht zugewachsen ist. Dann entsteht ein feuchtkühles Kleinklima, das den Insekten nicht zuträglich ist. Wärme allein ist kein »Faktor« in der Natur. Die Temperatur wirkt über die Vorgänge in den Lebewesen. Viele Tiere und Pflanzen halten sich daher nicht an die Vorhersagen zu den Klimaänderungen, wenn diese auf rein physikalischen Modellen beruhen. Vielmehr zeigt das Vordringen solcher Arten aus den kälteren Regionen Europas an, was sich in der Natur wirklich geändert hat. Im Vergleich zum 19. Jahrhundert sind die Wälder und Fluren gegenwärtig viel dichter zugewachsen, im bodennahen Kleinklima erheblich kälter, aber für manche Arten deswegen auch viel nahrhafter. Sollte der Elch in Deutschland einwandern, brauchen wir ihm keine neuen Sümpfe anlegen. Diese sucht er in seinen nördlicheren Verbreitungsgebieten deshalb auf, weil dort auch im Winterhalbjahr noch Wasserpflanzen und an den Ufern oder im Flachwasser Weidenbüsche mit vielen Knospen und leicht abschälbarer Rinde wachsen. Wo heute der Naturschutz in Mooren und sumpfigen Gebieten mühevoll Biotoppflege betreibt, weil frühere Landnutzungsformen eingestellt wurden, könnten durchaus nicht nur Heckrinder als besondere, gleichwohl nicht »natürliche« Rinderrasse eingesetzt werden, sondern auch Elche. Der Elch wäre nicht weniger »tragbar« und naturverträglich als der Rothirsch. Er gehörte zum Hauptbestand der von Pflanzen lebenden Großtiere früherer Zeiten. Siegfried, der Nibelungenheld, erlegte ihn in germanischen Wäldern in historischer Zeit. Wo es dem Elch wirklich zu warm ist, würde er gar nicht bleiben. Nur Zoos und Wildparks zwingen mitunter solche Tiere zu einem Leben in der für sie nicht passenden Umwelt, wenn sie keine speziell klimatisierten Gehege zur Verfügung stellen können. Mit welcher Begründung sollten wir aber die Wiedereinbürgerung des Steinbocks (*Capra ibex*) in den Alpen gutheißen, den Elch aber ablehnen, wenn er wieder zu uns kommt? Es wird hauptsächlich an den Jägern und Förstern liegen, ob er kommen darf, und nicht an »der Natur«.

19. Aussichten für Bären und Wölfe?

Wie also steht es um die Wiederkehr von Bär und Wolf? Wird es in Deutschland auch bald Wälder geben, in denen man auf einen Braunbären treffen könnte? Wölfe leben bereits in Brandenburg nahe der Ostgrenze unseres Landes. Im Bayerischen Wald ist mit ihnen zu rechnen. Luchse streifen durch die großen Laubwälder im Westen und durch den Böhmerwald im Osten. Auch in den Alpen werden sie sich ausbreiten. Die Grenzen sind durchlässig geworden. Kein Eiserner Vorhang trennt mehr Europa in einen an Tieren reichen Osten und den auf Höchstproduktion ausgerichteten Westen. Sein früherer Verlauf bietet sich geradezu als große Wanderstraße für Wildtiere an. Wir sind inzwischen auch eingebunden in eine europäische Staatengemeinschaft mit gemeinsamen Zielen und Verpflichtungen. Nationale Alleingänge gehen nicht mehr so wie früher. Der Abschuss von »Bruno« war im Hinblick auf Europa ein schwerer Rückschlag. Das Image der Bundesrepublik Deutschland, der Motor für Natur- und Umweltschutz in Europa und für die Welt zu sein, hat Schaden genommen. Vermeidbar oder gerechtfertigt, das lässt sich nach dem Vollzug mangels einer Alternative nicht mehr klären. Der tiermedizinische Befund wies beim Bären »Bruno« keine »Auffälligkeiten« nach. Er war gesund und mit 110 Kilogramm in guter Form. Die Schäden, die er auf seiner Wanderung angerichtet hat, sind finanziell ausgeglichen. Im Hinblick auf die Höhe der EU-Förderungen sind sie absolut belanglos gewesen. Die Medien haben allerdings mit »Bruno« ganz sicher viel mehr verdient, als seine Verfolgung und die getöteten Schafe den Steuerzahler gekostet haben. Unerfindlich bleibt, warum der Bär nur in Bayern auffällig geworden ist, und nicht auf dem ganzen Weg von Italien über Österreich Schäden hinterließ. Die für den Abschuss Verantwortlichen werden dennoch weiterhin die Notwendigkeit ihrer Entscheidung verteidigen, weil sie gar nicht mehr anders können. Die nachträgliche Kritik führt eher zur Verhärtung der so unerwartet entstandenen Fronten als zu besseren Lösungen. Solche sind aber dringend nötig, damit es dem nächsten Bären nicht wieder genauso wie »Bruno« ergeht. Denn Bären werden wiederkommen. Ihre nächsten Vorkommen liegen nahe genug und die Tendenz ist zunehmend. Die Grundvoraussetzungen sind zudem erfüllt. Bären werden von der Bevölkerung sehr geschätzt. Sie sind geradezu Sympathieträger für den Naturschutz. Bei den internationalen Spendenaufrufen führen sie zusammen mit Elefanten und Tigern ganz klar. Schnellumfragen während der »Bruno-Krise« hatten ergeben, dass die große Mehrheit der Bevölkerung in Deutschland für die Bären ist. Selbstverständlich können Bären nicht überall herumlaufen. Aber es gibt zweifellos auch in Deutschland Gebiete, in denen das ebenso möglich ist wie in Österreich, Italien, Slowenien und anderen europäischen Ländern. An der grundsätzlichen Einstellung der Bevölkerung und an den Lebensmöglichkeiten läge es also nicht. »Bruno« war ein Einzelfall, aber kein »Spezialfall«, der mit anderen Bären, die da kommen könnten, nichts zu tun hat. In fremder Gegend fühlen sich Bären zwangsläufig unsicher. Wo es nicht gerade Nahrung in Hülle und Fülle für sie gibt, ziehen sie besonders weit umher. So wird es wieder werden, wenn der nächste Bär kommt. Man wird ihn wohl länger gewähren lassen und nicht mehr vorschnell zum Abschuss freigeben, vor allem, wenn er im Herbst eintreffen sollte. Aber das ist weniger wahrscheinlich, weil die Bären vor Beginn ihrer Winterruhe nicht so leicht bereit sind abzuwandern wie im Frühjahr. In dieser Hinsicht unterscheiden sie sich stark von den Wölfen, deren Rudel eher im Spätherbst und Winter kommen könnten, wenn es in ihren nordöstlichen Wäldern zu kalt geworden ist und sie zu wenig Nahrung finden. Die Bären verschlafen diese Zeit in ihrem Lager. Einmal angekommen, lassen sie sich im fremden Gebiet auch nicht auf ihren Wegen leiten oder auf Routen festlegen. Man kann höchstens manche Orte dadurch attraktiv machen, dass das ausgelegt wird, was Bären suchen und mögen, nämlich frische Tierkadaver und Honig. Die Jäger praktizieren diese Anlockung zur Bindung des Wildes an bestimmte Stellen in Form des »Kirrens«, wie sie es in ihrer Sprache nennen. Grundsätzlich sollte das beim Bären auch gehen. Ihn zu kirren ist sicher besser, als ihn zu verfolgen und damit, wie bei »Bruno« geschehen, nur weiter herumzutreiben. Konflikte werden sich dennoch keinesfalls grundsätzlich vermeiden lassen. Daher brauchen die Bären wie auch die Wölfe schnell und unbürokratisch Absicherung. Wie das gehen kann, hat Österreich mit einer »Bärenversicherung« vorgemacht. Es würde auch einer deutschen Versicherungsgesellschaft zum Ruhme gereichen, eine Bärenversicherung einzurichten, in die sie selbst »einbezahlt«. Wer modernste Fußballstadien von Weltformat sponsern kann, sollte dazu wohl auch in der Lage sein. Im Vergleich zu sonstigem Einsatz von Sponsorenmitteln und dem Problem, ob die Gesponserten die Erwartungen erfüllen, wäre die Bärenversicherung spottbillig und ein garantierter Werbeerfolg. Außerdem gibt es Firmen, die den Bären oder den Wolf in ihrem Logo tragen oder die Formen dieser Tiere in den eigenen Produkten nutzen. Darf die Öffentlichkeit von ihnen erhoffen, dass sie sich entsprechend schnell und wirkungsvoll für Bär und Wolf einsetzen? Sie könnten ein deutsches Bären- und Wolfsmonitoring sponsern, das unabhängig von den

Behörden und ihren Zuständigkeitsrangeleien auf die Tiere selbst bezogen abläuft. Eine zu starke Einflussnahme von Politik und politischen Interessengruppen ließe sich damit vermeiden. Der Fall »Bruno« hat gezeigt, wie wichtig das gewesen wäre. Politiker stellen allzu bereitwillig ihr persönliches politisches Kalkül über die allgemeinen Gesichtspunkte und die internationalen Verpflichtungen. Wie die Behören pflegen sie zu reagieren und nicht vorbereitend zu agieren, um bestmögliche Lösungen für den ungünstigsten Fall parat zu haben. Die Schäden, die »Bruno« angerichtet hat, waren objektiv gewertet unerheblich bei einem Millionenbestand an Schafen in Mitteleuropa und den hohen Fördermitteln, die von der Allgemeinheit für die Schafhaltung ausgegeben werden. Dass der Hüttenwirt am Vorabend des Todesschusses des Bären diesen mit bloßem Anschreien vertreiben konnte, drückt hinlänglich aus, dass »Bruno« kein Menschenfresser war. Hätten die finnischen Bärenjäger Erfolg gehabt, ihn gestellt und lebend fangen können, wäre jedoch das Problem noch lange nicht gelöst gewesen. Wohin hätte der Bär gebracht werden sollen? Zurück ins Gebiet der Brenta, von wo er gekommen war? Vielleicht hätte er sich dort alsbald wieder aufgemacht, um nach neuem Bärenland zu suchen. In einen Wildpark mit geeigneter Bärenanlage? Das hätte ihn persönlich zwar die Freiheit gekostet, aber das Leben erhalten und seine verbleibenden Jahre durchaus angenehm gestalten können, wie vielen gut gehaltenen Tierpark-Bären auch. Den Artgenossen in Freiheit wäre »Bruno« damit verloren gewesen. Wegsperren ist für das Überleben in freier Natur kaum anders zu werten als der Tod. Insofern ist »Brunos« Schicksal eine Warnung vor übereilten Hoffnungen. Es wird auch bei günstiger Aufnahme der Bären immer wieder solche Tiere geben, die in die falsche Richtung gehen. Sie werden das »Problem Bruno« wiederholen. Gelöst kann es mittel- und langfristig nur werden, wenn die dafür notwendigen Rahmenbedingungen geschaffen werden.

Voraussetzungen für die Wiederkehr
von Bären und Wölfen

Für die Rückkehr großer Raubtiere sind drei Kernbereiche entscheidend:

Der erste betrifft die Zuständigkeiten behördlicher Art. Der zweite die Besitzverhältnisse und die damit verbundene Duldung von Bären oder anderer Raubtiere. Der dritte die Jagd und das rechtliche System, in dem sie steckt.

Was die »Zuständigkeit« betrifft, hat der Fall »Bruno« gezeigt, dass es beträchtliche, höchst bedauerliche Schwachstellen gibt. Sie betrafen nicht nur ihn, sondern sie sind für viele andere Arten gleichermaßen problematisch. Der Braunbär gehörte weder als Art noch hinsichtlich seiner Schäden in eine klare Rechtskategorie. Wäre der Fall eine rein jagdliche Angelegenheit gewesen, hätte der Landwirtschaftsminister entscheiden müssen. Doch selbst dann wäre die Abschussverfügung höchst umstritten geblieben, weil der Bär zu den europaweit geschützten Arten gehört und sogar seine italienische Herkunft bekannt war. Die Entscheidungsebene der bayerischen Jagdbehörden wäre somit eindeutig zu niedrig angesetzt. Sie hätte über die Bundesebene mit der EU verbunden werden müssen. Der zugewanderte Bär war weder ein bayerisches noch ein deutsches Problem allein, sondern eine europäische Angelegenheit. Hierfür fehlen offenbar die entsprechenden politischen und behördlichen Strukturen. Nicht einmal der österreichische Bundeskanzler fand Gehör, obgleich das Nachbarland über langjährige politische und administrative Erfahrungen über den Umgang mit Bären verfügt und im Rahmen des europäischen Bärenschutzes auch mitzureden haben sollte. Die Mitwirkung des Bärenfachmanns vom WWF Österreich war unbeschadet seiner fachlichen Kompetenz für den politischen Rahmen unzureichend. Dasselbe gilt für den Einsatz der finnischen Bärenjäger, wobei sich natürlich die Frage stellt, warum der weltweit so hoch geschätzte Fachmann für Blasrohrbetäubung, der Direktor des Münchner Tierparks Hellabrunn, nicht die erste Wahl war, um den Bären zu fangen. Man holt ihn nach Venezuela zum Betäuben von Jaguaren, nicht aber in die nahen bayerischen Berge. Wie es dazu kommen konnte, blieb der Öffentlichkeit vorenthalten. Hieraus ergibt sich eine klare Forderung, deren Umsetzung zwar mit allen Mitteln juristischer und politischer Fallstricke be- oder verhindert werden wird, die aber nichtsdestotrotz der einzig richtige Weg bleibt: Für Arten von europäischer Bedeutung brauchen wir die entsprechende europäische Zuständigkeit! Diese soll jedoch keineswegs eine weitere Brüsseler Kommission werden. Es bietet sich vielmehr an, einen europäischen »Wildlife Service« nach international bewährtem Muster einzurichten. In der Europäischen Union hat so eine Einrichtung dieselbe Funktion zu erfüllen wie etwa in den USA, wo der »Fish and Wildlife Service« eine Bundesinstitution ist, die über die Bundesstaaten und ihre Grenzen hinweg wirksam wird. Nachdem es in den meisten deutschen Bundesländern nicht einmal etwas auch nur ansatzweise Vergleichbares für den Naturschutz gibt, und übersteigerter Föderalismus das auch zu verhindern trachten wird, bleibt nur die Hoffnung auf eine europäische Lösung.

Sie sollte auch ein viel allgemeineres Problem aufgreifen und einer vernünftigen Lösung zuführen, das sich aus dem weiträumigen Wandern vieler Arten ergibt. Enten, Gänse und andere »jagdbare« Wasservögel kommen aus fern liegenden, zu anderen Ländern gehörigen Brutgebieten in örtliche Reviere und werden hier auf der Basis des deutschen Systems der Revierjagd bejagt. Ob das den »Erzeugerländern« passt oder nicht, wird nicht gefragt. Man tut so, als ob die geschossenen Vögel zum Revier gehören würden, auf das sich unser an Grund und Boden gebundenes Jagdrecht bezieht. Wenn es aber um »unsere« Vögel, nämlich um die Singvögel geht, die nach Süden ziehen und dort von Vogelfängern auf ihre (traditionelle, bei uns erst seit gut einem Jahrhundert beendete) Weise erbeutet werden, klagen wir den »Vogelmord« in Italien, auf Malta oder sonst wo an. Die Unterscheidung Singvögel oder Wasservögel darf dabei keine Rolle spielen, denn Singvögel sind nicht die besseren Vögel und zumeist auch weitaus häufiger als die Wasservögel. Geht es bei dieser Betrachtung einerseits um Mengen und Intensitäten der Nutzung, die sich auf die Frage konzentrieren, ob Abschuss und Fang die Bestände in den Brutgebieten schädigen oder lediglich eine tragbare Nutzung darstellen, so muss andererseits bei den seltenen Arten die Möglichkeit einer Nutzung (durch Abschuss) zunächst ganz in den Hintergrund treten. Eine Nutzung als Abschöpfung von Überschüssen kann erst dann angedacht werden, wenn bereits Überschüsse produziert werden. In einem fairen Miteinander in der europäischen Staatengemeinschaft würde sich die Nutzungsfrage zunächst selbstverständlich auf die Länder richten, in denen die Überschüsse tatsächlich zustande kommen, und nicht dort, wo sie über die Zuwanderer angeblich aufgetreten sind. Ein gutes Urteil darüber kann wiederum nur von einer europäischen Ebene erwartet werden und nicht von regionalen oder gar lokalen Behörden und Politikern. Deshalb funktionieren der Artenschutz und die Aufteilung in jagdbare und nicht jagdbare Arten nur bei solchen Arten, die mit ihrer Lebensweise und Nachwuchsproduktion tatsächlich an die Fläche gebunden sind, auf der sie leben. Das trifft hierzulande für die Rehe, Fasane, Hasen, Kaninchen oder Füchse und in den Rotwildgebieten für den Hirsch zu. Die deutschen Mindestreviergrößen unterschreiten zwar meistens die notwendigen Lebensraumgröße für selbstständig lebensfähige Bestände dieser Arten, aber schon einige wenige Reviere zusammen genommen reichen dafür aus. Die jagdliche Nutzung solcher Arten passt daher zu beiden Seiten, zu den in ein Reviersystem eingebundenen Jägern einerseits, wie für die Besitzer der Flur oder der Wälder andererseits. Um es in Begriffen der Wirtschaft auszudrücken: Produktion und Nutzung finden auf derselben Fläche statt. Dass diese Sicht für einige Arten des Wildes voll und ganz zutrifft, zeigen die großen Hegeerfolge, welche die Jagd beim ortsgebundenen Schalenwild erzielt hat. Wie schon mehrfach betont, gibt es dank der jagdlichen Hege gegenwärtig in Deutschland mehr Rehe und Hirsche als seit vielen Jahrhunderten. Auch die Einführung des Fasans war ein Hegeerfolg, wo diese Hühnervögel aus Gründen der Witterung leben können.

Ganz anders verhält es sich jedoch bei weiträumig wandernden Arten und bei Großtieren, die viel größere Eigenreviere benötigen, als sie die allermeisten Jäger haben oder sich leisten können. Das Revier eines Steinadlers dehnt sich über Hunderte von Quadratkilometern aus, das Streifgebiet eines Wolfsrudels noch weiter. Die Bärenwanderung lässt sich ebenso wenig auf bestimmte Jagdreviere beziehen wie die Flüge der Gänse und Enten von den nordischen Brutgebieten zu den Zwischenraststationen in Mitteleuropa und den Überwinterungsgebieten. Wandernde Arten und Arten mit großem Flächenbedarf gehören daher ihrer Natur gemäß nicht in ein auf kleine Flächen bezogenes Revier(jagd)system. Aber sind sie dann noch in den gesetzlichen Geltungsbereich von Landesjagdgesetzen richtig untergebracht? Aus guten Grün-

195

den ist der Fernstraßenbau »Bundessache« und alles, was über die Grenzen hinausgeht, gehört ins Arbeitsfeld der Außenministerien und der entsprechenden Organe der Europäischen Union. Die großen Raubtiere gehörten auf jeden Fall in diese »europäische Kategorie«, weil ihnen nur ein gemeinsames Management ihrer Vorkommen und ihrer Bestandsentwicklung die Zukunft sichern wird. Es ist einfach unvertretbar, dass der Bär in den EU-Ländern Österreich, Slowenien und Italien mit erheblichem Aufwand geschützt wird, aber sogleich Gefahr läuft, bei nahen Nachbarn abgeschossen zu werden. Dasselbe gilt für die Bären in Rumänien und für Luchse aus Tschechien oder die Wölfe aus Polen. Der in bestimmten Lebensbereichen wirklich gute Föderalismus erweist sich in solchen Fällen als große Schwäche. Der gleiche Mangel steckt in sehr vielen Projekten der international oder global tätigen deutschen Naturschutzorganisationen. Viel zu oft müssen ihre »Projekte« das bleiben, was »Projekt« auf Deutsch bedeutet, ein (wünschenswertes) Vorhaben, weil sie nicht wirklich umgesetzt werden können. Ein leuchtendes Vorbild geben wir ohnehin für den internationalen Artenschutz nicht ab. Andere Länder könnten das deutsche Engagement für den Naturschutz in ihren Bereichen eher als Ausdruck für das Scheitern entsprechender Maßnahmen in Deutschland betrachten. Dass dies nicht so sein müsste, wenn die großen Naturschutzorganisationen ihre Mittel bündeln und ein wirklich vorbildliches System von Schutzgebieten im eigenen Land aufziehen würden, wurde schon betont.

Denn entscheidend für das Überleben von gefährdeten Arten ist der Besitz der Gebiete, die sie dafür brauchen. Die in Deutschland geltende, rechtliche Bindung der frei lebenden Tiere an den Besitz von Grund und Boden schränkt für die Öffentlichkeit die Möglichkeiten, sie zu erhalten, ganz gewaltig ein. Es lässt sich zwar trefflich darüber streiten, wie

»sozialpflichtig« das Eigentum zu sein hat. Denn auf jeden Fall wird mit zweierlei Maß gemessen. Der Privatgrundbesitz unterliegt in den Kommunen so vielfältigen und so einschneidenden Einschränkungen, dass von einer freien privaten Nutzung von Grund und Boden, zumal in der Stadt, überhaupt nicht mehr die Rede sein kann. Die Kommunen zwingen sogar zur Bebauung freier Flächen, auch wenn diese ohne Zustimmung des Grundbesitzers in einen Bebauungsplan aufgenommen worden sind. Liegt jedoch keine Ausweisung als Baugebiet vor, ist es, falls überhaupt, nur unter größten Schwierigkeiten und unter besonderen Voraussetzungen möglich, eine Ausnahmegenehmigung für Baumaßnahmen zu erhalten. Vorgeschrieben werden wesentliche Aspekte von Art, Höhe und Form der Bauausführung, des Verhältnisses von Gebäude- zu Gartenfläche und so fort. Ganz andere Regeln gelten für das Land. Die Einschränkungen sind, verglichen mit der Stadt, dort minimal. Nutzungsausfälle werden »kompensiert«. Bauen auf dem Land ist für landwirtschaftliche Betriebe staatlich begünstigt worden und gilt nicht als Zersiedelung, selbst wenn der Schweinemastbetrieb auf freier Fläche die Größe einer Fabrik annimmt. Doch während die so extrem eingeschränkte Stadtbevölkerung auch noch heftig besteuert wird, obwohl ihr so viele Nutzungsmöglichkeiten entzogen sind und sie auch Privatgrund, den sie nicht landwirtschaftlich-subventioniert nutzt, steuerlich ungleich höher eingestuft bekommt als Land- und Forstwirtschaft, erhält sie kein Mitspracherecht für die Subventionen, die in die Land- und Forstwirtschaft fließen. Sie »darf« lediglich die Steuermittel dafür aufbringen. Wenn aber hohe finanzielle Leistungen der Gesellschaft in Anspruch genommen werden, sollte diese auch ein faires Mitspracherecht eingeräumt bekommen. Größtmögliche Produktion in Wald und Flur anzustreben, ist ein berechtigtes Anliegen für die Eigentümer. Aber wie groß der Rahmen sein oder werden darf, ist ein genauso berechtigtes Anliegen der sie unterstützenden Gesellschaft. In den Städten wird dies praktiziert und es funktioniert im Ergebnis leidlich gut. Die freie Natur hat mehr zu sein als reine Produktionsfläche; Land ist keine Fabrik ohne Dach, weder für Getreide noch für Holz. Für die Landschaft zählen auch Tiere und Pflanzen. Zu ihr gehören Lerchengesang und Hasen genauso wie Rehe und Schmetterlinge oder Hirsche und Spechte. Die größte Verpflichtung der Allgemeinheit gegenüber hat der Staatsforst. Denn dieser gehört dem Volk und nicht der Staatsforstverwaltung oder einem Ausschuss von Abgeordneten im Landtag, die darüber befinden. Auf dem staatseigenen Grundbesitz hat das Volk jenes Land, auf dem auch Wildtiere leben können sollten. Die Vorgaben dafür dürfen nicht allein aus der Holzproduktion kommen und die anderen Anspruchsbereiche in den (mitunter bedeutungslosen) Hintergrund drängen. Mit den staatlichen Flächen könnte, und sei es auf begrenzte Zeit, bei Bedarf kompensiert werden, was andernorts von Privat gebraucht wird. Holzwert, Wildwert und Wert für die Öffentlichkeit gehören in der staatsforstlichen Kalkulation zusammen. Von einer annähernden Verwirklichung dieser Zielsetzung sind wir nicht nur weit entfernt, sondern mit der Teilprivatisierung des Staatsforstes ein Stück weiter weggekommen. Daher liegt der größte Mangel im deutschen Natur- und Wildschutz auch darin, dass er beim Staat »liegt«, dieser ihn aber lediglich formalrechtlich ausübt. Wildtiere dürften aber nicht bloß geduldet werden. Sie haben als unentbehrlicher Bestandteil des ganzen Kulturlandes zu gelten. Nicht Flurstücksgrenzen dürfen für sie und ihre Vorkommen entscheidend sein. Die Natur ist für alle Menschen sozialpflichtig.

Vorbildgeber Naturschutz?

Am besten ausführen könnten dies unsere Naturschutzverbände, wenn sie sich dazu entschließen würden, den Erwerb von Flächen so zu gestalten, dass darauf wirklich uneingeschränkter Schutz unter Einschluss der Zugänglichkeit für die Bevölkerung vollzogen werden kann. Der Naturschutz braucht dazu das volle Recht an Grund und Boden. Er sollte versuchen, ein beispielhaftes System von Schutzgebieten aufzubauen, in dem der Öffentlichkeit gezeigt wird, was Naturschutz leisten kann. Kleine Ansätze sind dazu in Deutschland vorhanden, aber sie gehen bei weitem nicht weit genug. Ein paar Schmuckstücke zu pflegen reicht nicht. Der Naturschutz braucht auch ganz normale landwirtschaftliche Nutzflächen, um im Flächenverbund groß genug und einheitlich genug zu werden. Er muss selbst das Jagdrecht und/oder das Fischereirecht im Fall von Gewässern in Anspruch nehmen können. Gelingt es dem Verbandsnaturschutz, auf diese Weise besser als der Staat zu werden, kommt eine fruchtbare Konkurrenz zustande – oder der Weg führt in eine vergleichbare Teilprivatisierung zugunsten des Naturschutzes, wie sie für den bayerischen Staatsforst zugunsten der Holzindustrie vollzogen worden ist. Auf solchen Flächen ließe sich klären, wie groß die Wildschäden wirklich werden, wenn das Wild nicht mehr scheu ist, und was »überhöhte Wildbestände« tatsächlich bewirken. Die Befunde der Deutschen Wildtier Stiftung im Hirschgebiet »Brohmer Berge« oder das Jahrhundert Freiheit für das Wild im Schweizerischen Nationalpark wecken ganz erhebliche Zweifel daran, dass Hirsch und Reh für den Wald wirklich so verderblich sein würden, wenn sie nicht so leben müssten wie bei uns. Die Umstände spielen eine weit größere Rolle als zumeist angenommen wird. Insbesondere geht es um die Scheuheit. Denn es kommt sicherlich nicht auf dasselbe heraus, ob Hirsche und Rehe ohne größere Scheu vor dem Menschen ganz nach Bedarf ihrer Nahrungsaufnahme nachgehen können, oder ob sie der Scheuheit wegen dies auf wenige besondere Stunden beschränkt tun müssen.

Pakt mit der Jagd

Dieser Aspekt führt zum dritten, vielleicht entscheidenden Bereich, nämlich zur Jagd. Bei all den Privilegien, die sie im deutschen Jagdsystem genießt, bleibt sie zwei Einschränkungen ganz erheblich unterworfen, nämlich den Jagdgenossen, die den Grund besitzen und die Pacht vergeben, einerseits und den staatlichen Vorgaben andererseits. Ein Jagdrevier zu pachten kostet sehr viel. Die Jagd auszuüben, wird sehr stark eingeschränkt. Die Einschränkungen betreffen vor allem das Schalenwild. Wer nach Plan wirtschaften muss, bekommt fast zwangsläufig Schwierigkeiten, ihn zu erfüllen. Aus dem Scheitern von Planwirtschaften wurden dennoch keine Lehren gezogen. Offenbar muss das System immer erst zusammenbrechen, ehe es verbessert werden kann. Schreibtischvorgaben sind niemals eine gute Ausgangsbasis für das Wirken in der Natur mit ihrer Vielfältigkeit. Der Jagd sollte weit mehr Freiheit gewährt werden und sie viel weniger Abschussplanerisches vorgeschrieben bekommen. Nirgendwo steht in der Natur geschrieben, dass es so und so viele (besser: wenige) Rehe pro 100 Hektar geben sollte oder wie viele Hirsche und Gämsen in den Bergen. Der Zustand der Vegetation ist kein natürlicher Maßstab, sondern ein ertragsorientierter. Wälder sind keine Gewächshäuser, in denen die Bäume wachsen, ohne dass sie irgendetwas dabei beeinträchtigt. Die langen Jagdzeiten machen das Wild sehr scheu; viel zu scheu! Die exorbitanten Kosten einer Jagdpacht zwingen jedoch geradezu dazu, so viel wie möglich aus dem Revier herauszuholen. Vermeintlich geht dies am besten durch scharfe Bekämpfung der Beutegreifer, denn diese vermindern den möglichen Jagdertrag. Das ganze System gerät so in einen Teufelskreis hinein. Die Revierinhaber sollten aber Luchse als »Feinde des Rehs« nicht bloß dulden müssen, sondern sie sollten diese haben wollen, weil Luchsvorkommen eine Auszeichnung für das Gebiet darstellen. Wie es auch etwas Großartiges für den Jäger sein sollte, ein Revier zu treuen Händen zu haben, in dem Bären leben. Viele Jäger denken so und würden wohl auch so handeln, wenn ihnen die Hände dafür freigemacht würden. Dazu bedarf es einer Entfesselung von den vielen behördlichen Einschränkungen. Vorbildhaft vorangehen müssten die Staatsjagden. Probleme wird es im Detail massenhaft geben. Sie sollten lösbar sein, wenn der Wille dazu da ist. An den Behörden sollten die notwendigen Änderungen nicht scheitern dürfen. Die entscheidenden Partner sind die Eigentümer der Flächen und die Jäger.

Die bestmögliche Lösung zu erreichen, sollte das Ziel sein. Dann werden Bären und vielleicht sogar Wölfe gute Chancen haben für ihre Wiederkehr. Wenn die Jagd den Bären schützt und den Wolf wiederkommen lässt, werden diese Tiere auch bei uns eine Zukunft haben. Auf die Sympathien der Bevölkerung kann fest gebaut werden. Die Menschen mögen die Wildtiere. Sie möchten viel mehr von Reh und Hirsch sehen, als sie unter den gegebenen Umständen zu sehen bekommen, und lassen sich auch von Bären nicht abhalten, schöne Landschaften aufzusuchen. Viele Tausende Besucher kommen zu den Plitvitzer Seen im Zentrum des slowenisch-kroatischen Bärenvorkommens. Den Böhmerwald meidet niemand, weil dort Luchse leben und Wölfe auftauchen könnten. Die großartigen Wälder und Heiden zwischen Berlin und der Oder gewinnen an Qualität mit den Tieren, die darin leben. Sie bieten inzwischen alles an Großvögeln, was eindrucksvoll, rar und auch schön ist. Für Wölfe eignen sie sich mindestens so gut wie das benachbarte Polen. Als »Bärenland« hat Österreich gewiss nichts von seiner Attraktivität eingebüßt. Also sollte man doch für die europäischen Großtiere sehr hoffnungsvoll in die Zukunft blicken können. Die Zeiten sind nicht schlecht für sie. Was fehlt, sind die Politiker, die bereit sind, die notwendigen Änderungen herbeizuführen, und die nicht mehr nur auf den örtlichen Stimmengewinn oder mögliche Verluste schielen, sondern das leisten, wozu sie eigentlich verpflichtet sind: das Bestmögliche für die ganze Gesellschaft mit ihrem Wirken zu schaffen. Die Bevorzugung der Interessen einiger weniger ist sicherlich nicht der rechte Weg zu diesem Ziel.

20. Wer bringt die Wende: die Politik oder die Gesellschaft?

Blicken wir kritisch auf das letzte Kapitel zurück: Was drückt es aus? Wie realistisch oder wie irreal sind die Zielsetzungen, Hoffnungen und Wunschvorstellungen? Oder bedeutete alles im Klartext kurz und bündig: Der »Fall Bruno« war schon das Urteil. Er ist der Präzedenzfall! Es wird keine (absehbare) Zukunft für Bären oder gar für Wölfe in Deutschland geben. Skeptiker halten sich für Realisten. Leider bekommen sie tatsächlich oft Recht. Die Wahrscheinlichkeit, dass sich Politiker engagieren werden, dem nächsten Bären eine bessere Zukunft zu ermöglichen, ist nicht sehr groß. Dennoch hofft man auf Überraschungen wie in der Lotterie. Es gibt zu viele einander bekämpfende Interessen. Der kleinste gemeinsame Nenner, der gefunden werden kann und als »guter Kompromiss« in der Ausdrucksweise der Politiker verkauft wird, stellt nicht selten eher einen Rückschritt als einen Fortschritt dar. Weil die Zeit weiterläuft und sich die Verhältnisse ändern. Kleinsten gemeinsamen Nennern wird zugestimmt, weil nun niemand mehr etwas verliert oder abgeben müsste. Also sind und bleiben sie meistens bedeutungslos. Ein guter Kompromiss wäre einer, der die Mehrheitsverhältnisse entsprechend gewichtet beinhaltet und nicht einer kleinen Minderheit das absolute Übergewicht zuteilt. Mit dem ganz anders gemeinten Minderheitenschutz hat das nichts zu tun, viel eher mit Protektion. Die realistische Beurteilung sagt uns, daran wird sich auf absehbare Zeit nichts ändern, weil wir längst wissen, dass Politik so verläuft und sich nicht nach den wirklichen Notwendigkeiten oder den tatsächlichen Mehrheitsverhältnissen in der Bevölkerung richtet. Politiker sind die Meister der kleinsten gemeinsamen Nenner. Also können »politische Lösungen«, wenn überhaupt, nur mittel- bis langfristig in Erwägung gezogen werden. Das gilt leider auch für eine größere Flexibilität im Bereich der jagdgesetzlichen Vorschriften und der naturschutzrechtlichen Rahmenbedingungen. Scharen von Juristen werden dafür sorgen, dass so gut wie nichts weitergeht, weil immer wieder Paragraphen gefunden werden und Ausführungsbestimmungen einander widersprechen, angeglichen oder aufgehoben werden müssten. Von den vielen möglichen oder auch nur (juristisch) denkbaren Einsprüchen und Folgen ganz abgesehen. Das System beschränkt längst auch die Wirkmöglichkeiten der Politiker so sehr, dass sie ihren Wählern gegenüber vielfach kaum mehr als gute Absichten von sich geben können.

Somit verbleibt als wirkliche Hoffnung und vielleicht als doch ganz realistische Möglichkeit das private Engagement. Was der Staat nicht (mehr) kann, müssen eben entsprechend mächtige nichtstaatliche Organisationen in die Hand nehmen: Banken und Versicherungen, Firmen und Nichtregierungsorganisationen, Jäger und Naturschützer. Sie können die Allianz bilden, die trotz aller politischen Hemmnisse und behördlichen Bremsen das scheinbar Unmögliche möglich macht. Die Wiedereinbürgerung des Braunbären in Österreich hat gezeigt, dass es geht. Die wirtschaftlichen, finanziellen und gesellschaftlichen Potenziale sollten in Deutschland noch erheblich mehr leisten können. Eine »Allianz für den Bären« muss allerdings wahrscheinlich von Berlin ausgehen. Der Name würde dafür bürgen. Jäger und Naturschützer sollten sich zusammentun, diese Allianz zu schmieden. Sie haben mächtige Verbündete in der Gesellschaft, die auch über die Mittel verfügen, die Allianz aufzubauen und in Funktion zu bringen. Und was den Wolf betrifft, wird die

Achse von Berlin zu den Erdgasfeldern Sibiriens vielleicht auch bewirken können, dass Russland bald die Abschussprämien abschafft. Wenn wir den Wölfen wieder eine Chance geben, wird das leichter gehen. Es gibt ausreichend Gebiete, in denen sie leben könnten. Sie müssen nicht überall frei herumlaufen. Wölfe sind in Wolfsburg trotz passenden Namens gerade so unangebracht wie Bären in Berlin oder Bern. Mit den neuen EU-Mitgliedern erhält das zusammenwachsende Europa aber nun einen ganz erheblichen Zuwachs an diesen Tieren, insbesondere an Bären. Ab 2007 werden innerhalb der EU-Grenzen gut 10 000 davon leben. Somit müssen sie eine Zukunft haben. Der Bär gehört zu Europa und damit zu uns!

Ausblick:
»Raubtierdämmerung«

Gefährlich ist's, den Leu zu wecken, verderblich ist des Tigers Zahn«, schrieb Friedrich Schiller im Jahre 1799 in einem seiner bekanntesten Gedichte, der *Glocke*. Der stürmisch drängende junge Dichter hatte sicherlich keine eigene Erfahrung mit Löwen und Tigern. Seine Annahmen stammten von wieder und wieder nacherzählten, aufgebauschten Geschichten aus fünfter Hand. Ins Land der Löwen zu fahren, ins finstere Afrika, war Ende des 18. Jahrhunderts für Europäer noch so gut wie unmöglich. Das Tigerland Indien lag näher, aber britische Großwildjäger taten bald alles, die Gefährlichkeit des Tigers zu übertreiben und sich und ihre Langeweile als Herren im fremden Land mit der Zahl geschossener Großkatzen zu überbieten. Vom sicheren Elefanten aus, versteht sich, und geschützt mit Tropenhelm und Gewehrträger, oder aber von einem eigens eingerichteten Hochsitz, vor dem ein angebundenes, jämmerlich blökendes Kalb den Tiger anzulocken hatte. Heldentaten dieser Art brauchen furchterregende Umstände als Deckmantel. Sonst bleibt vom Helden mit der großkalibrigen Büchse nichts weiter als ein elendes Häuflein Mensch. Das bessere Menschsein praktizierten ohne Schau und siegerhafte Posen auf vergilbenden Fotografien solche Menschen, wie ich sie als Einsiedler inmitten von indischen Tigerreservaten traf. Mit nichts am Körper als einem Lendenschurz und zufrieden mit der einen Schale Wasser und der anderen mit gekochtem Reis, der ihnen Tag für Tag zu Fuß kilometerweit durch den Dschungel gebracht wurde, saßen sie mit gekreuzten Beinen anspruchs- und erwartungslos, wie den Tigern zum Fraße präsentiert. Vielleicht sitzen manche noch heute, ein Vierteljahrhundert nach diesen persönlichen Erlebnissen im Tigerland. Die gewaltigsten der Großkatzen jagten in unmittelbarer Nähe der Einsiedler die Axis- und Sambarhirsche, die Wildschweine und anderes Dschungelgetier, nicht aber diese Menschen, die der äußeren Welt entsagten und sich auf ihre innere konzentrierten. Man mochte sie für groß gewordene Moglis halten, aber sie waren keine Kinder des Dschungels, sondern Rückkehrer aus der Menschenwelt, denen der Tod durch Raubtiere nichts bedeutet hätte. Doch diese töteten sie nicht; genauso wenig wie die waffenlosen Massaimädchen im ostafrikanischen Löwenland getötet wurden, wenn sie in unnachahmlicher Grazie und Selbstsicherheit über die Steppe zum benachbarten Lager, der Boma einer anderen Massaisippe, schritten, ohne mit langen Lanzen bewaffnete Beschützer gegen die Raubtiere zu brauchen. Die Löwen interessierten sich nicht für junger Mädchen Fleisch. Sie lebten und leben auf Löwenweise von den seit Urzeiten von ihnen gejagten Wildtieren, wie die Tiger des Dschungels oder der ostsibirischen Wälder auch. Was sich, wie in Schillers Gedicht, dramatisch gut reimt, muss sich noch lange nicht auch in der Natur zusammenreimen. Schillers Absicht war auch eine ganz andere. Seine Verse über Löwe und Tiger bilden nur den ersten Teil. Der zweite gilt dem Menschen: »Jedoch der schrecklichste der Schrecken, das ist der Mensch in seinem Wahn.« Der Mensch war, wenn nicht von Anfang an, so doch spätestens seit dem Ende der letzten Eiszeit, sich selbst stets der größte Feind: Homo homini lupus, der Mensch ist des Menschen Wolf, so wussten es die alten Römer. Für manch unfassbar Abscheuliches borgte er sich verzerrte Bilder von Tieren aus, wohl weil nichts anderes zur Verfügung stand. »Reißend wie Wölfe« fallen die wirklichen Wölfe in der Not des Winters über das Wild her, das sie unter Aufbietung aller Kräfte gestellt haben, und töten es mit der Wirkung des Schocks, der den Schmerz ausschaltet. Es ist nicht Wolfsart, seinesgleichen bis aufs Blut und darüber hinaus zu Tode zu quälen. Hätten die »Sieger« jemals auch nur ansatzweise Wolfsverhalten gezeigt, wären ungleich weniger Menschen in Kriegen und sonstigen kämpferischen Auseinandersetzungen umgebracht worden. Es reicht in Wolfskreisen, als Unterlegener die Kehle darzubieten, und man kann der Gnade sicher sein, nicht getötet, ja nicht einmal ernstlich verletzt zu werden. Bis in die höfische Zeit des Mittelalters blieben die Tiere insgesamt gekennzeichnet als Träger der »anima«, der Seele, weshalb die Säugetiere im Englischen immer noch »animal(s)« heißen. »Bestia«, die im Zirkus vorgeführte Brutalität, erzeugte nur der Mensch in den Raubtieren. Bestialisch handeln Menschen, die sich ihres Menschseins entäußern, nicht die Tiere, die nach ihrer Art leben, weil sie nicht anders können. Eine Paradiesesvorstellung aber, dass der Löwe friedlich neben dem Lamm liege, ist ähnlich absurd oder ein aus Unkenntnis der Natur entstandenes Wunschbild wie ein Bär, der sich nur von Beeren ernährt und sich mit Wurzeln und Blättern zufriedengibt, wenn es keine derart harmlos süße Kost mehr gibt.

Viele Naturschützer meinten, die nach Menschenart wertende Sicht der Tiere und ihre Einstufung nach »nützlich« und »schädlich«, wie sie noch bis in *Brehms Tierleben* in der zweiten Hälfte des 19. Jahrhunderts zu finden ist, wäre in unserer Zeit, ein gutes Jahrhundert danach, überwunden. Eine solche Erwartung erwies sich genauso als frommer Wunsch wie die vermeintliche Überwindung primitiver Wunder- und Horoskopgläubigkeit. Die alten Griechen im klassischen Altertum waren – und verhielten sich – vielleicht aufgeklärter als wir in unserer Zeit 2000 Jahre nach ihnen. Der größte Trugschluss steckt in der Erwartung, die Vernunft würde die Vorherrschaft gewinnen und das Leben der aufgeklärten

Menschen bestimmen. Man kann darüber klagen. Ändern wird das Lamentieren nichts. Die Menschen müssen so genommen werden, wie sie sind. Sie haben ihre Schwächen. Die größte Schwäche sind die Emotionen. Sie schalten den Verstand aus, schon bevor man ihr Aufkommen bemerkt. Daher liegt der einzig Erfolg versprechende Weg, zu einem besseren Miteinander von Menschen und (größeren) Tieren zu kommen, nicht im Verweis auf Indien und wie dort vom Tiger bis zur Ratte und zur heiligen Kuh anderes Leben respektiert wird, sondern in der Ausnutzung unserer eigenen Emotionen. Wie das geht, macht uns tagtäglich die Werbung vor. Wie wir darauf ansprechen und hereinfallen, bemerken wir meistens gar nicht. Die Stärke der Zoologischen Gärten liegt nicht in der Vermittlung von Wissen über die Tiere, auch wenn das ganz zu Recht eines ihrer zentralen Anliegen ist, sondern im Gewinn von emotionaler Nähe zu den Tieren. Den Atem eines Tigers zu verspüren, den Blick des Leoparden, der durch den Menschen hindurchzugehen scheint, oder den sanften Griff des Elefantenrüssels, der die für das riesige Tier so winzige Nuss entgegennimmt, stimmt uns so sehr auf die Tiere ein, dass ihr Leben für uns stimmig wird. Jeder weiß, was es bedeutet, von seinem Hund mit den unvergleichlich vertrauensvollen Hundeaugen angesehen zu werden. Was wäre uns die Katze ohne ihr Schmusen? Als Mäusejägerin wäre sie längst von der Technik der Mausefalle abgelöst, wie der Hund als Wächter von moderner Überwachungselektronik. Die Meisen auf dem Futterbrett bekommen ihre Sonnenblumenkerne oder Speckknödel nicht, weil wir von ihrer Unentbehrlichkeit als Insektenvertilger und Schädlingsbekämpfer so überzeugt sind. Sie werden gefüttert, weil ihr munteres Wesen Freude bereitet und uns die Befriedigung vermittelt, »etwas für ihr Leben getan zu haben«. Die Gesellschaft lässt sich die Winterfütterung der »gefiederten Freunde«, wie wir

209

sie zu nennen pflegen, ohne dass die Vögelchen, anders als Hund und Katze, eine Ahnung davon haben, warum ihnen diese Freundlichkeit zuteil wird, mehr kosten als die Mitgliedsbeiträge zu den Naturschutzgesellschaften. Kurz, die allermeisten Menschen schützen die Tiere, die sie erhalten wissen wollen, mit dem Herzen und nicht mit dem Verstand. Der Aufschrei der so vielen Menschen, die der Abschuss von »Bruno« zutiefst getroffen hatte, war und ist verständlich, weil er ihnen ins Herz ging. Darin steckte der eigentliche politische Fehler, den die für »Brunos« Abschuss Verantwortlichen gemacht hatten. Es ging nicht um ein paar getötete Schafe oder erschreckte Tauben, sondern um einen Bären, der emotional fast wie ein besonderer Mensch wahrgenommen wurde. An »Bruno« erfüllte sich das Bärenschicksal, das Horst Stern in seiner *Jagdnovelle* erahnte und schon 1989 so ergreifend geschildert hatte. Wo bleibt da die Hoffnung? Sie liegt im Osten unseres Landes. Dort werden auch die Bären und die Wölfe ihre faire Chance bekommen. Der Osten hat uns die Großtiere geschenkt, die der Naturschutz im Westen so lange so vergeblich geschützt und ersehnt hatte.

Literatur

Die nachfolgende Zusammenstellung enthält Veröffentlichungen, in denen Themen dieses Buches ausführlicher behandelt werden, sowie die Literatur, auf die im Text direkt Bezug genommen wurde. Rein wissenschaftliche und fremdsprachliche Publikationen blieben im Hinblick auf den Leserkreis unberücksichtigt. Die Fachkolleginnen und -kollegen mögen mir das nachsehen.

Bauer, H.-G., & P. Berthold (1996): Die Brutvögel Mitteleuropas – Bestand und Gefährdung. Wiesbaden

Bayerische Akademie der Wissenschaften (2002): Über die Jagd – Kulturelle Aspekte und aktuelle Funktionen (Kommission für Ökologie, Rundgespräche Band 25). München

Bayerische Landesanstalt für Wald und Forstwirtschaft (2002): Schwarzwild in Bayern (LWF aktuell Heft 35). Weihenstephan

Blumenthal, P. J. (2003): Kaspar Hausers Geschwister. Wien

Brendel, U. (2003/04): Der Steinadler in den Alpen – Gefährdung und Schutz (Jahrbuch Verein Schutz der Bergwelt 2004: 63–86)

Corbet, G., & D. Ovenden (1982): Pareys Buch der Säugetiere. Hamburg

Deutsches Hygiene-Museum (2002): Mensch und Tier – eine paradoxe Beziehung. Ostfildern

Ehrenreich, B. (1997): Blutrituale. München

Görner, M. (1987): Säugetiere Europas. Radebeul

Grzimeks Tierleben (1968/1993). München

Grzimeks Enzyklopädie (1988): Säugetiere. München

Haller, H. (1996): Der Steinadler in Graubünden (Ornithologischer Beobachter, Beiheft 9). Schweiz

Hassenstein, B. (1978): Verhaltensbiologie des Kindes. München

Hemmer, H. (1983): Domestikation. Braunschweig

Lorenz, K. (1983): So kam der Mensch auf den Hund. München

Macdonald, D. (1993): Unter Füchsen. München

Ménatory, G. (1992): Das Leben der Wölfe. Mythen und Wahrheit. Bergisch-Gladbach

Morris, D. (1970): Der nackte Affe. München

Naturwissenschaftliche Rundschau (2006): Gallensäuren schützen vor Infektionen (Band 59, Heft 12: Seite 662–663)

Niethammer, G. (1979): Säugetiere. Stuttgart

Pflumm, W. (1989): Biologie der Säugetiere. Hamburg

Piechocki, R. (1990): Die Wildkatze (Neue Brehm Bücherei Band 189). Wittenberg

Reichholf, J. H. (1983): Säugetiere (Steinbachs Naturführer). München

Reichholf, J. H. (1990): Wald. München

Reichholf, J. H. (1991): Gebirge und Tundra. München

Reichholf, J. H. (2005): Die Zukunft der Arten. München

Reichholf, J. H. (2007): Eine kurze Naturgeschichte des letzten Jahrtausends. Frankfurt

Reiter, M., & T. Naupp (2006): Bärige Geschichte(n) aus Tirol (Edition Tirol)

Rosendahl, W., R. Darga, R. Kühn & M. Pacher (2000): Der Höhlenbär in Bayern. München

Sedlag, U. (1988): Wie leben Säugetiere? Leipzig

Stern, H. (1989): Jagdnovelle. München

Vogel, C. (1989): Vom Töten zum Mord. München

Wölfel, H. (1999): Turbo-Reh und Öko-Hirsch. Graz

WWF Österreich (o. J.): Dem Bären auf der Spur. Wien (www.wwf.at/bearlife)

Zimen, E. (2003): Der Wolf. Verhalten, Ökologie und Mythos. Stuttgart

Das letzte Wort hat Eugen Roth:

Der Bär wird teils im Wald gefunden,
teils in der Stadt uns aufgebunden.

Dank und Widmung

In Italien, Spanien, Rumänien, Tschechien, der Slowakei, Polen und anderen Staaten der Europäischen Union hätten Bären, Wölfe, Luchse, Adler und andere Großtiere Europas ohne den Einsatz von Naturschützern nicht überlebt. In Österreich wäre es ohne ihr Engagement nicht zur Wiedereinbürgerung des Braunbären gekommen. Schützende Hände waren bitter nötig, um die Vollendung der jahrhundertelangen Verfolgung bis zur endgültigen Vernichtung zu verhindern. Dafür schulden wir diesen Menschen und ihrem idealistischen Wirken Dank und Anerkennung. Aber das reicht nicht: Sie brauchen Unterstützung! Aktive durch Mitarbeit in den Schutzprojekten und deren Finanzierung, passive durch politischen Druck auf die Behörden, die Entscheidungsträger und auf solche Gruppierungen, die Tiere wie Bären und Adler am liebsten nur im Zoo wissen möchten, nicht aber in der freien Natur.

Ein Schutz, der nur auf dem Papier steht, bleibt wirkungslos. Er muss draußen umgesetzt werden und sich allen Widrigkeiten zum Trotz durchsetzen können. Am besten geht dies über Naturschutzverbände, wie die nationalen Organisationen des WWF, des World Wide Fund for Nature. Sie stehen mit den regionalen und lokalen Naturschützern in Verbindung oder organisieren direkt den Schutz für Bär und Wolf, Luchs und Geier und die anderen gefährdeten Arten und ihre Lebensräume. Sie tun dies nicht nur in der fernen Wildnis, sondern auch bei uns, in Europa. Hier sind sie die Stellvertreter für eine Natur, die nicht zur Wahl gehen oder sich mit Rechtsmitteln gegen ihre Vernichtung wehren kann. Sie haben das Comeback der Todgeweihten ermöglicht. Ohne die Naturschützer wäre »Brunos« Tod kein Einzelfall, der sich vielleicht so nicht mehr wiederholen wird. Mächtige Verbündete werden das zu verhindern wissen: die Medien.

München, im Januar 2007   Josef H. Reichholf

mit besonderem Dank für die Bilder von Wolfgang Alexander Bajohr, einem der besten Kenner der europäischen Wildtiere.

Bildnachweis

Alle Abbildungen aus dem Archiv der
Buchverlage Langen*Müller* Herbig nymphenburger, außer:
S. 81, 83 (Cosima Badewitz/www.vombrennberg.de); S. 1-8, 67,
75, 79, 80, 84, 85, 91, 94, 96/97, 107, 173, 177 (Wolfgang Alexander
Bajohr/www.natur-5seenland.de); S. 23, 63, 135, 171 (»Brehms
Tierleben«, Leipzig 1877); S. 101, 115 (Josef H. Reichholf).

Besuchen Sie uns im Internet unter:
www.herbig-verlag.de

© 2007 by F. A. Herbig Verlagsbuchhandlung GmbH, München
Alle Rechte vorbehalten
Umschlaggestaltung: Wolfgang Heinzel
Umschlagbild: Mauritius, Mittenwald
Herstellung und Satz: VerlagsService Dr. Helmut Neuberger
& Karl Schaumann GmbH, Heimstetten
Gesetzt aus der 11/14 Punkt Stempel Garamond
Druck und Binden: CPI Moravia Books GmbH Korneuburg
Printed in the EU
ISBN 978-3-7766-2510-3

Benny Rebel
Ungezähmt

Auge in Auge mit wilden Tieren

Benny Rebel zeigt seine international prämierten Fotos – ganz aus der Nähe machte er bei seinen Expeditionen in Afrika und auf den Galapagos-Inseln grandiose Aufnahmen von wilden Tieren. Im Mittelpunkt seiner Arbeit steht seine Vision, bedrohte Tierarten in größtmöglicher Unmittelbarkeit zu zeigen und sich damit für ihren Schutz zu engagieren. Mit einem Vorwort von Heinz Sielmann.

»Kein anderer traut sich an wilde Tiere so dicht heran wie Fotograf Benny Rebel. Das Ergebnis: dramatisch schöne Bilder.« Bild am Sonntag

»Dieses Buch lehrt Ehrfurcht vor der Natur. Benny Rebels Tieraufnahmen sind zum Staunen und zum Schwärmen.« B.Z.

176 S. mit über 200 Farbfotos, Großformat
ISBN 978-3-7766-2484-7
Herbig

Lesetipp

BUCHVERLAGE
LANGENMÜLLER HERBIG NYMPHENBURGER
WWW.HERBIG.NET

Christopher McIntosh
Gärten der Götter

So wird der Garten ein Spiegelbild der eigenen Lebensphilosophie

Christopher McIntosh nimmt uns mit auf einen Streifzug durch die schönsten Gärten der Welt und lehrt uns, ihre Botschaften zu entschlüsseln und die Bedeutung der Pflanzen, Farben und Elemente zu verstehen. Ergänzt wird sein Buch mit einem Ratgeberteil zur kreativen Gestaltung des eigenen Gartens, einer Liste der wichtigsten Pflanzen und ihrer Farb- und Symbolsprache sowie Fotos und Skizzen.

»Durch den persönlichen, mit Elementen des Reiseberichts angereicherten Stil ist die Abhandlung nicht nur inhaltlich faszinierend, sondern auch unterhaltsam.« GARTENPraxis

320 Seiten mit Fotos, ISBN 978-3-7766-2461-8
Herbig

Lesetipp

BUCHVERLAGE
LANGENMÜLLER HERBIG NYMPHENBURGER
WWW.HERBIG.NET